最后的骑士

黑塞传

李世琦 著

華文出版社
SINO-CULTURE PRESS

图书在版编目（CIP）数据

最后的骑士 : 黑塞传 / 李世琦著. — 北京 : 华文出版社, 2025. 3. — ISBN 978-7-5075-6118-0

Ⅰ. K835.165.6

中国国家版本馆CIP数据核字第2025F0X955号

最后的骑士：黑塞传

作　　者：李世琦
责任编辑：胡慧华
出版发行：华文出版社
社　　址：北京市西城区广外大街 305 号 8 区 2 号楼
邮政编码：100055
网　　址：http://www.hwcbs.cn
电　　话：总 编 室 010-58336239　发 行 部 010-58336212
　　　　　责任编辑 010-58336197
经　　销：新华书店
印　　刷：三河市人民印务有限公司
开　　本：710mm × 1000mm　1/16
印　　张：12.75
字　　数：160 千字
版　　次：2025 年 3 月第 1 版
印　　次：2025 年 3 月第 1 次印刷
标准书号：ISBN 978-7-5075-6118-0
定　　价：69.80 元

序一

追寻智者的精神轨迹

孙　郁

中国的读者对于德国文化有天然的好感，但那多集中于哲学界和思想界。我年轻的时候，记住的德国的哲学家的名字比作家还多，所知道的德国文学还限于诗歌作品，对于小说家了解得有限。但自从看到黑塞的作品，对于那文本内流淌的情思大为敬佩，诸多小说的内蕴，不亚于尼采的辞章。于是心里想，原来德国的文学与哲学一样，有养人心目的地方。当年读到黑塞的书，像是被引进一块高地，他的诗与小说，有着常态里的非常之音，司空见惯的世界变成陌生化的存在，词语背后的气韵是颠倒性的精神，那里也有康德以来的哲学的力量。

我几次去德国，对于该国文化略有一点感性的认识，但所得均为皮毛。不过在与德国友人的交流里，感受到那是一个高度精神化的国度，许多历史遗产暗示着以往的思想之迹，它们对于世界的影响，是无法估量的。中国的许多作家和学者从德国盗来火种，在寂寞的土地燃出光明。相关的故事，一时是说不完的。

李世琦先生写的这本《最后的骑士：黑塞传》，便有着对于异国智者的敬意之情。他在大量的资料里发现了黑塞的精神轨迹，对于其思想、创作进行了多维的打量。对于我这样的读者而言，全书像一个导游，引路于崎岖的苦径，百转千回里，与闪电般的灵思一次次相逢。俯仰之际，神意种种；往回之间，奇思多多。重要的是我们从那精神之旅看到了文学的本来意义，那就是以敏锐之笔，探入人的意识的幽深之所，我们由此看到“美和魔力的梦幻”。

好的书写者从来不是在前人的文字面前亦步亦趋前行的，他们总有不满于世间的爱意流淌，将闭锁的精神之门打开，告诉我们人可以以另一种方式存在着。黑塞的创作不仅仅在疗救自己早年的创伤，也在诊断着西方文明里的痼疾。在德国法西斯盛行的日子，他的思想照亮了沉沦之国的暗区，以强大的精神之力抵抗着灰色的存在。在一切都被单色调涂饰的时候，他说：“我讨厌伟大的简化者，我热爱质量感，不可模仿的技艺和独一无二感”。而他的作品便有着非同质化的鲜活之音，在时空里久久回旋着。

我自己阅读黑塞的作品，常常想起尼采的超然之思。他们都是世俗世界的非合作者，但这不是一般意义上的选择差异，而是对于人的思维盲区的挑战。当资本主义扭曲着身体跌入深渊的时候，我们的作家们及早提示了那悲剧的可能。而且他们往往在词语与逻辑里避开了历史的惯性，在逆流而上中，觅出别一思想之途。德国历史上这样的人很多，荷尔德林、里尔克都奉献过非凡的辞章。黑塞和他们一样，在文字里，同样克服了自己的时代。

看到域外的作家如何面对自己和周围的问题，这对于我们国人都是一种刺激。在儒家传统深厚的国度，读书人不易像黑塞那样选择自己的道路。德国有德国自己的难题，他们处理难题的方式有一点勇猛，文字后不免带有孤独性。黑塞的孤独使自己与俗世隔离开来，也因此看清了世间的面目。他的笔调打动我们，不是口号和简单的理念，而是对于生命的复杂的理解。文学是在看不见的地方打通进入世界的方式，作家由此要做出自我的牺牲。黑塞对于同化艺术家的思维深恶痛绝，他在写作里总给我们惊异的画面，那些映出了世间被遮蔽的存在，镜子一般照亮了陌生的自我。作家就是这样一类人，他们在世人没有感觉的地带，唤出读者的内觉，忽地瞭望到未见之景，原来人间竟是这样的存在。这种提示的作用，在那些说教的文本里，反而被遗漏掉了。

自晚清开始，我们几代人都在学习西方作家观察世界的方式，一些作家身上流淌着域外文学的血液。即以德语作家为例，歌德的《浮士德》曾以两个灵魂的搏斗展开人类生活的寓言，其间的哲学、神学、神话学、音乐等元素，暗含于词语的时候，精神空间忽地变大了。这种精神的大，让中国的读者感叹创造的快慰。而里尔克在寂寞里拉开的夜幕，露出天际间无数星光。瞬间是无穷远方的神秘的显现，我们由此知道探求的路是没有止境的。在广大的天地间，人弱小得乃是沧海一粟，跨越这种渺小，唯有精神创造中的逐日之旅。海德格尔讨论荷尔德林和尼采等人的写作时，感兴趣的是“把我们的思想转向完全不同的区域、尺度和方式”。伟大的作家和思想家的价值，是具有扭转时风的力量。这力量不是靠权力而获得的，相反凭借的是一种智慧，一种思想的自我的燃烧。但他们并非与人间隔绝的怪人，而是深深爱着人间的启示者。文学的力量也就是启示的力量。

我在李世琦先生的文字里，发现了许多过去鲜知的存在，有许多都出人意外。比如他与中国文化的奇妙的连接，对于其写作产生了不小的影响。黑塞对于中国古代的老子、孔子、庄子等人的理解，哪些地方刺激了其思想的生长，哪些被衔接到语言的魔宫，都值得深入探究。西方人看中国的国故，与我们瞭望古希腊的经典，情感是有所区别的。在以西方为中心的文人那里，东方的思想不过稀奇之所，满足了许多人的好奇心。但黑塞似乎不是这样，他的视野与同代人有不同的所在，故精神是超然的地方居多，又有对于西方中心的思想的偏离。这与尼采欣赏佛陀的思想一样，在强大的西方精神的惯性里，他的无畏的选择，拓出了一条新路。

在我的印象里，无论是西方批评界还是中国批评界，流行的都是对于文本的注释后的心得一类的写作，但是面对那些天才文本，批评的话语往往失效。阅读黑塞，惊叹之余会觉出概念的苍白，我们实在不易以简单的话语描绘这样的作家。他于枯寂里吹出了先前没有的艺术之风，那些缠绕我们世界的雾霾也因之溃散。想一想百年来人类苦苦寻觅精神之路，坠入陷阱者不计其数。但是像黑塞这样的清醒的作家，却远离了奴役之路。思想者不都是从世俗里走出来的，往往是在反传统的逆向里，激活了传统有意味的部分。对于习惯于在惰性里思维的人而言，如何跳出已有的定势，以超凡的眼光重审世界，那该是应去尝试的选择。

2019 年 9 月 1 日于新龙城

（作者系中国人民大学特聘教授、中国鲁迅研究学会会长、原北京鲁迅博物馆馆长）

序二

资深评论家眼中的大师

马　剑

光阴荏苒，算起来与李世琦先生交往已经有十五个年头了，而产生这段友情的原因只有一个，那就是世琦先生这部传记的主角——赫尔曼·黑塞。我至今仍然清楚地记得和世琦先生认识的场景。那是在2004年秋天北京大学外国语学院世界文学研究所召开的一个学术会议上，那时刚刚入职不久的我受邀在会议上宣读一篇报告，其实就是我完成不久的博士论文一小部分，有关于黑塞作品中东西方文化的交流问题。我刚走入会场在后排坐定，没想到旁边的一位先生就主动和我打招呼，而且告诉我他看过我发表的关于黑塞作品《悉达多》的论文。他就是李世琦先生。在随后的交谈中，对世琦先生的职业有了一些了解，但我们的话题主要还是围绕着黑塞，所以，我的第一个深刻的印象就是世琦先生真的是黑塞的一位忠实拥趸。

此后的交往当中，无论是见面、打电话还是写邮件，世琦先生都会问同一个问题，那就是在我最近的研究中有没有什么新的关于黑塞的研究成果发表。于是，我便陆陆续续地把我写的论文发给世琦先生，每一次，世琦先生的反应都很积极，从中能够不断地感受到他对黑塞的喜爱之情。我的专著《黑塞与中国文化》和译著《书籍的世界》都是在拿到书后的第一时间就寄给了世琦先生，他也非常热情地分别给两本书撰写了书评。

因此，当世琦先生告诉我他打算写一本黑塞传记的时候，一方面，我丝毫都没有感到惊讶，另一方面，也对这部新作充满了期待。由于研究工作的缘故，我当然读过几部黑塞的传记，但主要都是德国和美国的研究者撰写的。在国内，此前也只出版了一部黑塞传，而且是由德语语言文学学者创作的，世琦先生作为资深的文学评论家和编审，写出来的东西一定会与外国文学研究者有所不同。在通读了这部书稿之后，事实证实了我的推测。

从这部传记的目录就可以看出，作者的叙述还是主要沿着时间的主线展开的。在这里，两个视角在不断交替地出现，或者在某些章节中交融在了一起——一个是对赫尔曼·黑塞个人主要经历的描写，另一个则是对于他的文学和艺术创作的描绘。对于一般的读者来说，了解一位作家、尤其是一位外国作家，首先当然是通过他创作的作品，在这一点上，随着近二三十年里越来越多的黑塞作品被译成中文，像世琦先生本人这样喜爱黑塞作品的读者已经越来越多了，尤其是具有代表性的作品已经越来越为人所熟知；但另一方面，关于黑塞作为一个个体的人的种种经历和遭遇、关于他面对纷乱复杂的时代发展所做出的种种反应，尤其是关于他对于自身生命体验的各种反思，中国读者了解得却并不是很多。事实上，这两个视角一方面是相辅相成的，同样是作为独一无二的个体的黑塞本人，假如没有特殊的身世和际遇，也不会给后世留下这样一份宝贵的文学遗产；另一方面，通过世琦先生的叙述，呈现在读者面前的又是一个血肉丰满、个性十足、非常真实的黑塞形象。在这一点上，世琦先生与美国著名传记作家拉尔夫·弗里德曼（Ralph Freedman）不谋而合，这两个视角在后者创作的《赫尔曼·黑塞：危机的朝圣者》当中同样得到了充分的展现。

在把握这两个视角的同时，实际上，世琦先生也抓住了黑塞文学创作的另一个重要特点，那就是其文学作品的自传性特征。既然是一部作家传记，对于作家创作和作品的介绍及阐释当然要占据相当的篇幅。世琦先生在这里介绍和分析了黑塞最主要的小说作品，从小说的创作动机、内容、作品的思想性及艺术性，到作品所产生的各种影响、他人对作品的评价，都有涉及，每一个这样的章节读后，读者都可以对相关的作品有一个清晰的了解。特别可贵的是，无论是摘录黑塞作品的原文，还是他人的评论，世琦先生所引用的段落虽然不长，但往往却能道出最本质核心的内容，细细读来，发人深省，也一定会激发起读者阅读全部作品的兴趣。同时，除了小说作品之外，世琦先生也提及了黑塞的诗歌、散文、政论、文学评论乃至于绘画的创作以及书信的写作，相比于小说，国内在这些方面的译介和研究还是相对薄弱的，但相信在不久的将来，会有越来越多的翻译和研究成果面世。

能够在如此规模的篇幅之内为一位享誉世界、著作等身、经历丰富且思想深邃的作家作传，李世琦先生作为资深评论家的文字功力可见一斑。就像黑塞自己作为文学批评家所说的那样，他只会评论他认为具有持久价值的作品，不喜欢讨论作品的缺点，世琦先生与黑塞心有灵犀，在通篇的叙述和评论中，作者对黑塞的喜爱、推崇、赞赏之情跃然纸上，一些看似闲笔的评价议论，更是往往画龙点睛，甚至针砭时弊。“一个艺术的评价如果本身不是艺术品的话，在艺术的王国里就没有公民权。”这是黑塞本人喜欢引用的德国浪漫派代表人物施莱格尔（Schlegel）的一句名言，因此，也衷心地预祝这本黑塞传记能够给广大的读者带来思想和艺术两个方面的审美享受。

2019 年 5 月 4 日于燕园

（作者系北京大学外国语学院副教授、德语文学专家）

目录

一、小小魔术师

魔术在我家和我一生里无处不在。

我对未来最大的憧憬，就是做一个魔术师。

——《魔术师的童年》

我承认自己的生活也很像一个童话，我总是感到而且也看到外界和我内部是密切关联和协调的，我把它称之为有魔力的。

——《生平简述》，1924 年

1877 年 7 月 2 日，赫尔曼·黑塞出生于德国符腾堡州黑森地区的卡尔夫镇。符腾堡州位于德国西南部，离瑞士和法国都很近。

黑塞是父母的第四个孩子，有两个异母的哥哥台奥多·易生贝格、卡尔·易生贝格，一个姐姐阿黛莱。在他后面，又有一个妹妹玛鲁拉，一个弟弟汉斯。六兄妹中，他排行第四。

黑塞出生于一个国际化的家庭中。这个家庭和他的外祖父有绝大的关系，也对黑塞产生了极大的影响。他的外祖父名叫赫尔曼·龚德尔特，是语言学家，同时又是传教士。外祖父是黑塞幼时的偶像。他这样回忆他的外祖父："他博学多闻，比父亲和母亲更有权威。其实他的财富和权力远不止这些，他不仅拥有印度的神像和玩具、雕刻，绘有魔法故事的檀木箱子，椰壳做成的盘子、碟子，还有整座客厅的图书。他还是一个魔术师，一个智慧长者。他几乎通晓人类的所有语言，至少有三十多种，也许还有神的语言，甚至星星的语言他也在行。”黑塞对语言文字的敏感显然得益于外祖父的遗传基因。

外祖父长期在印度传教。也正是在印度传教时，黑塞的父亲是他的属下。黑塞的父亲名叫约翰尼斯·黑塞，祖籍是德国北部的卢卑克，却出生于爱沙尼亚。黑塞的母亲婚前名玛丽娅·龚德尔特。约翰尼斯·黑塞“对人生苦难有深切的体会，精神上有不懈的追求”，给龚德尔特父女以很好的印象，由此与玛丽娅相识而相爱。在他们各自的第一次婚姻破裂后，有情人终成眷属。

黑塞出生于 1877 年 7 月 2 日的黄昏时分，温度舒适，使他的人生有一个良好的开端。他甫一降生，15 岁就开始写日记的母亲就在日记中记录下来：

> 一个十分漂亮、结实的婴儿，刚出生就渴望着什么，湛蓝色的眼睛转向光亮处，他的脑袋始终固执地朝着烛光。

黑塞自己这样回忆：

> 我诞生在 7 月一个温暖的将近黄昏的时刻。我出生时的温度正是我毕生所本能地喜爱和追求的，缺少了它，我会感到痛苦。

由于父母亲不同的精神气质，年幼的黑塞受到他们不同的影响。作为传教士，父亲教育儿子：“要尊重一切严肃的努力。”而他的母亲有很高的文学艺术禀赋，对儿子产生了根本的影响：“我心里很清楚，我的根深深扎在母亲的土壤里，植根在目光深邃、神秘玄妙的土壤之中。母亲浑身充满着音乐，父亲却不然，他根本就不会唱歌。”

卡尔夫是一个依林傍水的美丽小城。环绕卡尔夫的是葱郁的森林，由于其茂密神秘，被当地的人们称为黑森林。它的一侧则是水流清澈的纳戈尔特河。这样优美的环境很好地滋润了黑塞的文学艺术灵性，所谓地灵人杰。72 岁时，黑塞这样说到卡尔夫对自己的影响：

倘若我以作家的身份描述森林或者河流，描述山谷草原、栗树浓荫或者枞树香气时，那么我描述的就是环绕卡尔夫的森林，就是卡尔夫的纳戈尔特河，就是卡尔夫的枞树和栗树。它们是浑然一体的，包括市集广场、小桥和小教堂、比肖夫街和莱德街、布罗尔和希尔曹的草原小路。在我的书里，它们无处不在。

而在家庭生活中，外祖父则给他提供了极为难得的世界主义文化氛围：

这幢房子里交织着世界各地的光芒。这里的人们祈祷，阅读圣经，研究和探讨印度语言，演奏许多优美的音乐，他们熟悉佛陀和老子。客人们来自世界各地，他们的衣着散发出陌生的异国气息，携带着皮箱和藤箱，用异国语言互相交流。这里也经常给穷人供应义餐，举行热闹的节日庆祝。科学和童话在这里和谐共处。

黑塞是幸运的。卡尔夫的优美地理环境是黑塞与幼时伙伴共享的，外祖父营造的人文环境却是普通的德国人难以得到的。黑塞受外祖父的影响很深，一直自称“小小魔术师”。“每当我想起未来时，我总是向往那个绝对神秘的目标，我最憧憬的还是成为一个魔术师。”外祖父、母亲对他的影响会在日后渐渐显示出来，读者诸君请留意。

二、好学生 vs 坏孩子

我始终是一个敏感的、爱挑剔的学生，习惯于反对任何依赖性和奴隶性以及残酷的折磨。

——《我的学生时代》，1926 年

黑塞在卡尔夫生活到 4 岁。1881 年，他父亲因工作需要调到瑞士巴塞尔，全家因而迁居巴塞尔，在巴塞尔生活了 5 年，1886 年，因外祖母去世，他们要照料外祖父的生活再次回归卡尔夫。也就是在回归卡尔夫之前，全家加入瑞士国籍，因此，学者称黑塞为德语作家，准确地说，他是瑞士籍德国人。

巴塞尔是瑞士的重要城市，它的海关税收占瑞士的三分之一，位于莱茵河畔。黑塞的家在巴塞尔郊区，周围的环境很美。与卡尔夫相似的是，这里也有茂密的森林、空旷的草地，有小桥流水人家，有火车来往穿梭的铁路。巴塞尔的童年生活给黑塞留下了美好的回忆，他成年后把巴塞尔郊区称为自己和小伙伴的“天堂和原始森林”。1911 年，黑塞写过一篇著名的短篇小说《大蝴蝶》，这是一篇自传性的小说，写的是他 8 岁至 10 岁时痴迷于收集蝴蝶标本的经历：

于是我便猛然想起了孩提时代无数次捕捉蝴蝶的光景。在干燥的、散发着浓烈香味原野里的炎热下午，在花园里的凉爽清晨，或黄昏时分在充满神秘气息的森林边缘，我举着捕蝶网守候在那里，就像一个掘宝人，随时随刻准备着惊喜若狂。当我看见一只漂亮蝴蝶的时候，倒不在乎它是否特别稀罕，只要它停在阳光下的花朵上，彩色的翅膀呼吸般一张一合，捕猎欲就使我一下子透不过气来。当我向它潜近又潜近，直到能够看清每一块闪光的彩色斑点、每一条透明的脉络和每一根纤细的棕色触须绒毛，那是一种紧张和狂喜的感觉，一种混合着柔和的喜悦与狂暴的欲望的感觉，我后来在生活中极少再产生这种感觉。

除了与小伙伴的嬉戏，父亲还带领他参观巴塞尔的历史博物馆和艺术博物馆，激发了他对艺术的兴趣，给他留下了深刻的印象。他后来回忆说："这些印象中，有楼梯间勃克林的壁画，有霍尔拜因的家庭画像，有费尔巴哈的儿童牧歌，还有一幅庄稼地着火的画，孩提时代的我特别喜欢这幅画。"

回到卡尔夫后，父母送他进哥廷根的舍卜勒拉丁文学校学习。这是一所寄宿制学校。地址在牧师街 11 号。这所学校的培养目标有两个，一是为符腾堡新教教会培养神职人员，二是培养教师。这所学校的校长是奥托·鲍尔（1830—1899），是最早对黑塞产生影响的人物。黑塞入学时，鲍尔已到古稀之年，黑塞称其为"一位具有相当伟大风格的教师和教育家，性格稀奇古怪，特别富于幻想，而且高傲自大"。因此，黑塞后来回忆时这样写道："那是通过一个特别受爱戴同时也令人感到害怕的教师的形象留在记忆里的。没有他和支配当时由校长在国家考试时选拔的那两个班级的精神，我的幻想不会有那种契机去设想一种理想的学校，像我在《玻璃球游戏》中把这种学校描写为老人一样。所以我说，一个男孩与一种居高临下的天才教师的相遇，能够产生持续的影响并多产地穿过他的一生。"（1953 年 6 月 9 日给哥廷根霍恩施陶芬高中学生的信）

老校长天生是做校长的料，他对学生的观察极富洞察力。他很快发现了黑塞对语言的天赋。"当他对我的拉丁文和希腊文作业说'这个你做得很好，黑塞'时，我会一连几天感到特别幸福并受到鼓舞。……这个老师身上特殊的和稀有的是他的一种能力，就是不仅仅能从他的学生中感觉到谁是比较有思想的学生，并给他们的理想主义以营养和支持，而且也使他的学生们在这个年龄段的男孩气质和贪玩的嗜好变得合情合理。”（《我的学生时代》）

作为一个学生，一般都怕考试。可这时的黑塞已经立志当诗人、作家，因此并不把考试当回事。国家考试之前，同学海因里希·赫莫令克问他，如果考不上，以后干什么？他若无其事地说，考上考不上，我都不会在意；就是考不上，我也会成为自由自在的作家。小小年纪，表现出同龄人少有的自信。国考发榜，黑塞在符腾堡的 79 名考生中名列第二，他没有辜负老校长的期望，鲍尔校长没有看走眼！要知道全德国的名额才 45 名。他获得了奖学金，于 1891 年 6 月顺利进入毛尔布隆神学校学习。为了将来能顺利进入图宾根大学神学院学习，父亲又把他的国籍改为德国。

少年得志的黑塞入学后，很快发现神学校的刻板管理与自己的理想南辕北辙，让他苦恼不已。半年之后，1892 年 3 月，他开始逃学，两次被发现抓回，被关了八个小时禁闭。很有讽刺意义的是，他在被禁闭期间写诗，还投稿给讽刺杂志《飞行报》，题目就是《禁闭室》。诗中写道：

你认识这个国家吗？
这里没有鲜花，
这间黑暗的禁闭室，
任何神祇都不去造访它！
哦，痛苦吧，
不得不进去的人，
哦，狗狗，让我
一千遍地把你诅咒！
……
学校的奴仆变成了监狱的主人，
任何花言巧语也不能

迷住他不可动摇的心，
他不知道，渴望自由的神灵
在酒宴上和说笑话时更开心。

虽然被关了两次禁闭，仍然不能让他屈服，因郁闷而致病，又拖了两个月，于5月退学。父母都不理解他的行为，他与父母的矛盾渐趋激化。只有外祖父理解这个外孙，笑着说，“听说你来了一次天才之旅”。他与父母的对立到了无法沟通的程度，以至于以自戕来对抗，幸亏自杀未遂，否则1946年的诺贝尔文学奖得主就是另一位作家了。

父母对他无计可施，先送他到巴特波尔疗养，没有效果，只好把他送进了斯塔特儿童精神疗养院。一直到10月，他的内心一直不能平静下来。这从9月11日他写给父亲的信中可以看出来：

尊敬的先生：

爸爸说斯塔特是“最好的”地方，因为可以把我关在这儿，你们就摆脱了我。……那个冷冰冰的、半通不通的传教士连同他那套说教……那些面目和姿态看着丑恶可憎的病人，所有这一切都使我从灵魂深处感到厌恶。这个年轻人该怎么办呢？如何表达他在这里生活的一切方面十分悲惨呢？……人们用暴力把我塞进火车，到斯塔特后又把我拽出来，于是我就关在这里，我就不会烦扰世界了。此外，我现在就关在四堵墙壁中间，我的上帝啊，我现在不服从，将来也不会服从的……我还能有什么办法呢？如果爸爸无数次地重复说，“相信吧，我们认为这样对你有好处。”这词句不值一个豆荚的价值。……我现在是作为一个人在提出问题(请允许我反抗你们的意愿，在15岁的年纪就有了自己的观点)：这是公道的吗？对一个稍稍有点神经衰弱之外、几乎完全健康的年轻人，硬把他送进治疗弱智和癫痫病的医院里，强制剥夺他对爱和正义的信仰，其实就是夺走了他的上帝……你们说是出于“虔诚之心”，说“事情非常简单，我们是父母，你是孩子，足够了”。然而我要从我的立场来陈述：我是人。人，正如席勒所说，我的创造者唯有自然。……我向自然提出的严肃而神圣的要求只是最普通的人权……我一定得说，自然绝没有授权要我生活在弱智病人和癫痫病人之间……你们都是虔诚信徒，就像崇拜耶稣的尼柯特姆，一个没有丝毫虚伪的犹太人。你们有与我不同的其他愿望、观点、希望……你们都是基督教徒，而我——我只是一个人……倘若你们愿意给我写信，请不要再用神圣基督的名义。他已经在这里的神圣大钟上挂够了……“基督和爱”在这里处处都有，同时却处处充满了憎恨和仇视。我相信，倘若已故“基督”的灵魂，这位犹太人耶稣复活之后还能目睹他所酿成的事实，他会哭泣的。我是一个人，和基督一样善良，也能够像他一样地区别理想和生活，但是我不像这个犹太人一样坚强，我是我。再见了！

这封家书，给我们提供了极为丰富的信息，有学者把它与卡夫卡《致父亲的信》相提并论。首先，我们可以了解少年黑塞与父母的矛盾之激烈，精神之痛苦，对父亲称“先生”，他还在三天后的一封家书中，自称“斯塔特监狱的囚犯 H. 黑塞”。其次，我们可以看出黑塞与生俱来的反抗精神，小小年纪就宣称“我现在不服从，将来也不会服从的”，他在家书中的申辩的口吻用的是法庭辩论的“陈述”。再次，我们可以看出黑塞思路的大胆、思维的缜密，小小年纪就敢于不把耶稣当圣人，开始独立思考，自我教育，他能有后来的成就绝非偶然。

这一时期，黑塞从少年到青年，换了几所学校，一度命悬一线；还进了儿童精神疗养院，终于渡过了他人生的第一个危机。孟子说：“天将降大任于斯人也，必先苦其心志，劳其筋骨，饿其体肤，空乏其身，行拂乱其所为，所以动心忍性，曾益其所不能。”少年黑塞的经历与孟子所说如合符契。

没有高学历，也能有大成就。这是黑塞给我们的启示。在中国，很多名人如艺术家齐白石都是如此。

三、进入社会

没有人理解我，我只能独自忍受。

——《生平简述》，1924 年

1892 年 11 月，看到在儿童精神疗养院没有效果，父母送他进了坎施塔特文理中学学习。第二年 4 月，理解、同情他的外祖父去世，使他的情绪更加压抑。虽然通过了一年志愿考试，仍然引不起他的兴趣，只得再次辍学。从此黑塞永远告别了学校。

学校学习已经无法继续，父母在 10 月送他进一家书店当学徒，仅仅干了三天，他又撂了挑子，在家闲居，成了待业少年。少年黑塞真是让父母操碎了心。但黑塞并没有闲着，外祖父的巨量藏书挽救了他。“托天之幸，家里有外祖父的巨大的藏书室，整个大厅里塞满了古籍旧书，其中整个德国文学和 18 世纪哲学几乎尽在包罗之列，我耽读其中，乐趣无穷。”

1894 年 6 月，父母送他进卡尔夫的塔钟厂当学徒工，在这里干到次年 9 月。

1895 年 10 月，父母又送他进图宾根黑肯豪厄尔旧书店当学徒工，每月的工资开始是 80 马克，后来是 90 马克，第三年 95 马克，他在经济上开始自立。这次他一干就是三年，没有挪窝。因为年轻的黑塞发现了旧书店的宝贵之处。多年之后，他这样回忆：“对于精神领域，惟有对过去的、已成历史的，对古老的和远古的东西保持经常的接触才能开启精神生活的门。因此，当最初的兴头过去之后，一股摆脱被新书的浪潮淹没而返回旧书箱之中的渴望便油然而生，为了实现它，我就从书店转行到旧书店。”（《生平简述》）从少年黑塞的读书选择我们已经可以看出，他日后能够成为文学巨匠绝非偶然。他对精神生活的感悟，许多人要到中年或老年才能悟到，有的人到老年都没有感悟，而是随着流行风潮随波逐流。

在书店上班之余，为了圆自己的作家梦，黑塞开始自学和文学创作。“在书店学徒之余我开始严格的自学，不仅写满了一厚沓诗歌习作，而且在那几年当中阅读了世界文学的一半，并且以坚忍不拔的精神研究艺术史、语言和哲学，这些东西对于一次正常的大学学习也许已经足够了。”（《生平简述》）

对于这段经历，黑塞印象非常之深。1955 年他获得德国书业和平奖，回忆这段经历时，他说：“我在狂躁的青春期过后必须决定从事哪个职业时，我选择的恰恰是书业，也许是希望它可以成为我通向作家职业的跳板。我在图宾根和巴塞尔全面学习了书籍零售业和旧书业的知识，并且在几年的时间里加以实践。”（《德国书业和平奖受奖感言》）

在学徒期间，黑塞还与朋友组织小读书会，交流读书心得，对歌德和浪漫派作家兴趣尤浓，这些作家有海涅、诺瓦利斯、艾兴多夫、冯塔纳、霍普特曼等，外国作家有果戈理、屠格涅夫等，汲取了他们的艺术精华。读书会里有一个高中同学，有几个大学生，黑塞虽然没有上过大学，但他博览群书，让大学生们不敢小视，他们成为好友。他们在周末到附近游览，其乐融融，留下了美好的回忆。

黑塞的学徒期在 1898 年秋到期，大约是因为喜欢旧书店的工作，黑塞出徒后又帮助店主工作，到 1899 夏才离开黑肯豪厄尔旧书店。可黑塞对旧书店的工作意犹未尽，接着他选择巴塞尔埃希旧书店，担任店主助理，再一次回到了巴塞尔，在这里一直工作到 1904 年。

从图宾根到巴塞尔，正是黑塞的青春期，从这一时期的照片看，黑塞玉树临风，留平头，戴眼镜，双目炯炯有神，气质儒雅，风神俊朗。“窈窕淑女，君子好逑。”除了和同龄男孩的交往外，他开始注意漂亮的姑娘。

在图宾根时，他与伙伴们一次远足到基希尔海姆，原计划第二天返回，因为邂逅旅店老板的侄女尤丽叶·赫尔曼，而且同行的芬克也喜欢这个姑娘，计划因之延长了八天。到巴塞尔工作后，黑塞还寄明信片给尤丽叶，落款是“退职宫廷小丑 H. H”，H. H 是赫尔曼·黑塞的缩写，可以说是“低到了尘埃里”，很会撩妹，反映出他性格中幽默的一面。1900 年 2 月，在一次家庭舞会上，邂逅牧师的女儿埃曼努埃尔，后来把她写进小说《诗人》，黑塞的描写是：“她优雅美丽，精神丰富，前额高峻，面部表情楚楚动人，目光冷峻，嘴唇细长，性格与怀疑在那儿争吵不休。”只不过这篇小说没有发表。埃曼努埃尔的姐姐伊丽莎白后来一度成为黑塞的情人，可惜有缘无分，有情人未成眷属。伊丽莎白的姐姐为黑塞画的铅笔素描像一直保留至今，让今天的读者得以一窥青年黑塞的罗曼史。

四、最初的作品

我只是想征服一点儿客观世界和现实，以便逃脱半是羞怯、半是清高傲慢的危险心境。

——《〈午夜后一小时〉再版序言》，1942 年

根据黑塞母亲的回忆，“对无与伦比的美和魔力的梦想”是黑塞与生俱来的天性。他 4 岁时就喜欢朗读有韵律的作品。上小学时，作业本上到处是诗句，有歌德、海涅、布伦泰诺、诺瓦利斯等人的，也有他的习作。

在图宾根学徒时，他的宿舍的墙上贴有一百多人的图像，多数是作家尤其是浪漫派作家，排在最前面的是歌德、席勒、海涅，也有哲学家如尼采，还有学者如布克哈特，他们都是黑塞的偶像。可见他这时阅读范围之广。布克哈特（1818—1897），著名的历史学家、艺术史家，长期任教于巴塞尔大学，代表作有《意大利文艺复兴时期的文化》《君士坦丁大帝时代》等。他治学的特点是高度重视精神生活的研究，重视历史上各历史事件中人的个性的发展。黑塞在图宾根、巴塞尔的时期，正是布克哈特如日中天之时。黑塞结识了布克哈特的多位学生，其中和沃尔夫林、R. 瓦克纳、哈勒交情尤厚。布克哈特与歌德、尼采并列，成为他的三大精神导师之一。他三十多年后回忆说：“我来到巴塞尔的时候，他才刚刚去世几年。我觉得巴塞尔的精神生活十分充实，而且以他的精神生活为标志。当时，他的影响才刚刚开始，今天已经在我的心中固定下来

并得到加强，以至于我可以说：除了歌德之外，没有一个别的幽灵像尼采和布克哈特那样对我产生过那么强烈的影响，在几十年的过程中，布克哈特对我来说变得越来越重要、越来越有益了。”（1936 年 9 月《伯尔尼文学杂志》）在黑塞最著名的代表作《玻璃球游戏》中，布克哈特成为他塑造玻璃球大师的原型。

经过多次习作积累，1898 年，在 19 世纪即将结束之时，黑塞花了 175 马克在德累斯顿皮尔松出版社出版了自己的第一本诗集《浪漫主义之歌》，印刷 600 册。这本处女作出版后黑塞虽然有小小的成就感，可诗集到 1900 年只卖出了 54 册，可以说是无声无息，他带给黑塞的喜悦很快就消逝了。

但黑塞没有气馁，1899 年他又在莱比锡迪特利希出版社出版了散文集《午夜后一小时》，同样印刷了 600 册，销售却比《浪漫主义之歌》还惨，只卖出 53 册。比《浪漫主义之歌》幸运的是，它引起了著名诗人里尔克的关注。里尔克这样评价它：“语言好似用金属铸就，节奏缓慢而凝重。尽管如此，这本书仍然不像文学。其中写得最好的部分都是必不可少和独特的。作者的崇敬心情既正直又深沉。他的爱很高尚，而书中蕴含的一切感觉全都很虔诚：这本书已处于艺术的边缘。”里尔克的评价客观中肯，有褒有贬，肯定了作者的潜力，给作者以希望。后来的事实证明，里尔克的眼力果然厉害。

1900 年，黑塞以笔名在巴塞尔赖希出版社出版了《赫尔曼·劳舍尔遗诗遗文集》，内有诗 9 首，小说、散文 5 篇，印数也是 600 册。该书内容为对图宾根生活的回忆，书中的男子均为黑塞和他的朋友，女主角则为他们交往的姑娘们。这是第一本为黑塞带来声誉的作品。应该是书中青年男女的情爱故事吸引了大众读者。后来又分别在 1907 年、1911 年、1933 年、1948 年四次再版，共收获了 3000 篇以上的书评。但黑塞自己并不看重这本书，他只是想证明自己也可以写出世俗喜欢的通俗作品。“我只是想征服一点儿客观世界和现实，以便逃脱半是羞怯、半是清高傲慢的危险心境。”社会重视的作品作者自己并不看重，像钱钟书对《围城》就是如此，中外文学史上，有许多类似的例子。

这本书出版后，立即引起了著名出版家萨穆尔·费舍尔的关注，主动写信给黑塞约稿，希望和他合作，出版他的下一部作品。费舍尔是柏林费舍尔出版社的老板。费舍尔在其部下编辑毛利茨·海曼推荐下读了《赫尔曼·劳舍尔遗诗遗文集》，黑塞的文学才能给他留下了深刻的印象。费舍尔在信中写道："这不多的几页纸上有很多好的东西和一个不一般的希望联系在一起。如果您将来也把自己的新作寄给我们，我们将感到非常高兴。"由此开启了他们超越半个世纪的友谊与合作的佳话。

1901 年秋，黑塞收到出版人卡尔·布塞的约稿信，约请他编选自己的诗歌，定名为《黑塞诗选》，列入柏林格罗特出版社"德国新诗人"丛书。他称布塞的来信"是我年轻的文学生命中获得的第一个真正的快乐"。他怀着激动的心情，认真修改自己的诗稿，完成了诗集的编选。诗集完成后，他专门写了一首诗献给母亲，表示对她的感激。遗憾的是，第二年 4 月老人家去世，享年 59 岁。五个月后，《黑塞诗选》出版。诗集选入诗歌 200 首，分为六部分：漫游；爱之书；歧途；走进美丽；南方；致和平。

诗集出版后，引起文学界的关注，但没有引起读者的反响，黑塞在经济方面依然没有得到补偿。1903 年 6 月 7 日，伯尔尼的《联盟报》发表评论家魏德曼的评论："黑塞的诗集烙刻着一种独特个性的印记，它叙述着一个少年男子的完整生命，他的梦想、愿望、彷徨，连同他听天由命的心情。人们阅读时会感到某种精湛技巧的欠缺，在某些当代诗人看来，那是诗句不可或缺的漂亮时髦打扮。但是赫尔曼·黑塞明白自己不需要诸如此类的小手段。当然，对他而言，倘若灵感一动地冒出一个适合自己思路的押韵词汇，那也会让他感觉喜悦，不过他不会继续费心寻找。他的语言纯出内心，似乎无须任何装饰。他的满溢而出的感情不需要任何东西，只须毫无拘束地把感觉汹涌泻出。"魏德曼看出了黑塞的艺术个性，肯定了他"天然去雕饰"的艺术追求，是他最早的知音之一。

经济的困难依然在困扰着黑塞，这一困境要等到两年后《彼得·卡门青》出版后才会根本改观。

五、两次意大利之行

歌德的《浮士德》也未能超过这本书在自己内心的位置。

——《致父母》,1918 年

在巴塞尔工作期间,黑塞有两次意大利之行。两次意大利之行,极大程度上是受布克哈特的影响,最直接的是受其所著《意大利文艺复兴时期的文化》的影响。他在 1898 年 3 月给父母的信中写道:“歌德的《浮士德》也未能超过这本书在自己内心的位置。”我们打开《意大利文艺复兴时期的文化》一书,翻开目录——第二篇:个人的发展;第四篇:世界的发现和人的发现以及其中第三章:自然美的发现;等等——就很容易发现布克哈特对黑塞太有吸引力了。意大利近在咫尺,他要亲自去看一看那个魂牵梦萦的国度。

1901 年春,黑塞因为书店的业务只身赴意大利。在完成业务工作后,他游览了米兰、热那亚、佛罗伦萨、布罗格那、拉文那、帕多阿和威尼斯。他采用的是徒步旅行,轻装出游,身背行囊,说走就走。他是带着阅读《意大利文艺复兴时期的文化》的问题来的,不是浅尝辄止,而是按图索骥,他的行囊中就带着这本书,随时阅读、对照。每到一地都认真观察,从气候、建筑到民情风俗逐一考察研究。他一路走,一路记,积累了丰富的资料。在威尼斯,他从早到晚,迷醉于威尼斯的桨声灯影,日光水色,乐不思归。

1903 年,黑塞第二次漫游意大利。这一次他参加了旅行团,其中有一位玛丽娅·贝诺利,是钢琴家兼摄影家,她后来成为黑塞的第一位妻子。

两次意大利之行使黑塞收获多多,他陆续写出了一批印象派色彩浓郁的散文、游记,刊发于德国、瑞士的报纸、刊物。从这些作品可以看出浪漫派对他随时随刻的影响,灵动蕴藉的文笔、细致入微的观察、对大自然的无限热爱,给读者和出版商留下了深刻的印象,他正在积蓄着创作突破的能量。

六、一举成名

《彼得·卡门青》万岁！没有它我不可能结婚，也不会迁居此地。它带给我2500马克，至少够我两年开销。

——《致斯蒂芬·茨威格》，1911年9月11日

历经风浪，几经艰辛，我终于达到了自己的目的。当初可望而不可即的，如今竟然成了事实，我成了一位作家，在和整个世界的搏斗中，我似乎胜了一仗。

——《生平简述》，1924年

在两次意大利之行前后，黑塞一直忙于《彼得·卡门青》的写作。1903年5月，他完成了这部小长篇小说，开始在费舍尔出版社主办的杂志《新评论》上连载。小说的主角是一位励志好学的渔村青年，求学于苏黎世大学，与男伙伴快乐漫游，爱上漂亮的姑娘又失恋，对城市的生活陷于失望，又不愿沉溺于灯红酒绿，最后选择回归山青水绿的故乡，以照顾残疾人作为后半生的追求。小说的主题是励志、向善的，景色描写是清新宜人的，对比欧洲当时流行的追名逐利、萎靡颓废的“世纪末”作品，无疑是“万绿丛中一点红”，别开生面，立即受到读者特别是青年读者的欢迎。

黑塞对自己的作品是心中有数的。他在邮寄书稿时写给费舍尔的信中说：“您将会在第一眼就看到，拙作不那么现代，甚至是反现代的，

也不缺少形式上的缺陷。相反对人民和国家是经过长期的、充满爱心的观察表现出来的,没有丝毫的虚构和未经历过的东西。这个怪人彼得的精神发展构成了本书的重点,其余的一切均作为陪衬,一笔带过。在语言上我不赶时髦,而是完全遵循我故乡的口语习惯——最接近我个人的感觉(我一半是巴塞尔人,一半是施瓦本人)。"

出版社老板费舍尔对该书很重视,于 5 月 9 日亲自给黑塞写了回信。他亲自安排出书事宜,1904 年初《彼得·卡门青》问世,因为它连载时已引起读者的欢迎,出书 14 天就一销而空,在社会上引起了热烈的反响。青年读者对它趋之若鹜,评论界对它也青眼有加,把它与此前瑞士大作家凯勒的名著长篇小说《绿衣亨利》相提并论,称为《绿衣彼得》,说它是黑塞"文学创作的第一个伟大成就"。这是因为那时欧洲的平民青年都着绿色上衣。

黑塞把《彼得·卡门青》题词献给好友芬克,可见他对彼此友谊的珍视,他对那一段生活的眷恋。

费舍尔立即安排再版,不断脱销,很快就销售了 5 万册,这在当时的欧洲堪称奇迹!《彼得·卡门青》还荣获包恩费尔德奖。

3 月 19 日,《彼得·卡门青》甫一面世,评论家理查德·夏凯尔就在《维也纳晚报》发表评论,给予高度评价:"黑塞关于云彩和阿尔卑斯山燥热风所说的话,更确切地说,他吟唱出的歌声,全都出自炽热的激情,关于美,关于生机勃勃,关于华美色彩,除去让·保尔、荷尔德林和一些伟大的北方作家外,几乎见不到有类似的自由体诗文能够达到同等境界。"在他看来,黑塞已经跻身欧洲文学史的大家行列。

自然,也有同行提出不同的评价,自 1903 年开始与黑塞通信的斯蒂芬·茨威格①就说:"这部小说在技巧上不能说精湛完美,黑塞所叙述的故事不像是真实生活,倒像是一场梦,这场梦重复着某个人的命运,强调爱,忘却丑恶。在这场梦里,人们匆匆离开令人不快的年代,以便更甜蜜

---

① 斯蒂芬·茨威格(1881—1942),著名德语作家。1913 年定居萨尔茨堡,1934 年遭纳粹驱逐,1940 年定居巴西。1942 年与妻子双双自杀。

地品味眼前可爱的景象。”茨威格的评论可谓观察入微,《彼得·卡门青》中确实有浓郁的乌托邦色彩。他的话虽然对,却不影响青年读者对它的痴迷,正是这种乌托邦色彩吸引了青年读者,现实社会中寻觅不到的理想、美丽、青春,《彼得·卡门青》满足了他们的需求。作家埃米尔·施特劳斯写信给黑塞说:“您讲述时的那种简洁、真诚和未加移植的新鲜风格像彼得的没有变味和不能变坏的风格一样使我感到高兴。”换成中国话说,就是“清水出芙蓉,天然去雕饰”。这是最容易吸引年轻人的风格。贝托尔特·布莱希特则是这样说:“这本书就像是一摞充满了某种清凉的、带着秋天的斑斓色彩和涩味的纸张进入了人们的脑海之中。”

让黑塞和出版社都没有想到的是,《彼得·卡门青》不仅当时畅销,在欧洲畅销,而且一直销售稳定,在东方一样畅销,进入21世纪还受到世界各地读者的欢迎。在中国,它大约是第一部被翻译成中文的黑塞作品。1983年8月由胡其鼎翻译,百花文艺出版社出版,书名为《彼得·卡门青》,由此拉开了黑塞作品在中国出版的序幕,此后,他的作品陆续被推出,受到中国读者的热爱。

对于《彼得·卡门青》的成功,黑塞自己有自己的解读,他认为文学作品就是要写出人类内心深处的人文关怀:“人类能够用提高速度战胜时间,然而人类恰恰未能获得想获得的,人们坐在快速火车里与以往坐在马车里的心情总是同样焦急不安,倘若事情很紧迫,难道今天不紧迫么?”(1908年致约可布·夏弗纳的信)

对于《彼得·卡门青》的主题,读者和研究者一直在争论,到了1950年代初,争论依然不休,黑塞收到许多读者来信,让他解答。1951年8月4日,他只好在《新苏黎世报》上发表致法国大学生的公开信,对小说作出说明,他在开头和结尾这样说明:

> 我的第一部长篇小说于本世纪开头几年在巴塞尔写成,第一次发表于1903年。它诞生在久远的已具传奇色彩的时代,距离两次世界大战和你们变化多端的时代十分遥远。它是在一种平静安宁和无忧无虑的氛围中写成的,你们恐怕只能从父母或者祖父母处听

说那个时代了。尽管如此,它的气息仍然是不满足、不平静,因为它是一个年轻人的作品和自白,而满足于平静之类特征不属于年轻人。

……

我想我们可以由此探寻出观察我整部作品的红线之开端。我确实不是那个有点乖僻的隐居者卡门青,我并没有逃避在我发展历程中遭逢的时代问题,绝对没有,我绝不像那些政治批评家所论述的生活在象牙塔里——不过,占据我内心首位的、最殷切的问题,从来不是什么国家、社会或者宗教,而只涉及单个的人,只涉及个性,只涉及那个一次性的、非标准化的个体。从这一位置出发去观察和分析卡门青,就可以明白并不能根据卡门青来了解我的全部生活。

《彼得·卡门青》的出版使黑塞获得了欧洲文学界的认可,他成为一位被公认的有成就的作家,再不用为了发表作品四处投稿,他的新作再也不用担心为发表犯愁。中国的张爱玲曾经说出名要趁早,这一年黑塞 27 岁,虽然比不上许多少年成名的作家,但也不算晚。从他立志当作家的十二三岁算起,已经苦苦跋涉了 15 年左右。他也不算多幸运,命运老人对他不薄也不厚。

在晚年写成的《生平简述》中,他这样来谈《彼得·卡门青》对自己一生的意义:"求学和成长年代的几度使我濒临绝境的辛酸历程,终于被淡忘了,终于可以相顾一笑了——过去对我疑虑重重的亲友们,也对我和颜悦色相待了,我成了胜利者。现在,尽管我干的仍然是当初被视为最蠢毫无价值的事,可是人们却一如我自己颇为欣赏自己一样,表示大为欣赏了。这时我才真正感觉到,我年复一年苦苦挨过的孤独、苦行和危险是多么回首堪惊,受到首肯和承认使我如沐春风,我开始成为一个满足的人。"黑塞的自述不禁让笔者想起中国的古语:"智者知其始,愚者观其成。"衡之中外,莫不皆然! 但丁说:"走自己的路,让人们去说吧!"有志创业的年轻人,一定要坚定不移,这是黑塞给我们的启示。

《彼得·卡门青》的出版,使黑塞获得了2500马克的稿酬,这对黑塞是一笔可观的收入,相当于他在书店学徒时四年的工资总和,他可以考虑当专业作家了,而这是黑塞最大的梦想,他终于熬到了这一天。他开始筹划自己下一步的工作和生活。

七、第一次婚姻

我的婚礼可以说是快马加鞭。因为我的岳父不同意，在我也是不得已而为之。当他正好不在巴塞尔的时候，我们立刻去户籍登记处登了记。现在，老人在远方怒气冲天，不过他似乎慢慢平静下来了。现在我已为人夫，那种漂泊流浪的日子总算暂时宣告结束了。

——《致斯蒂芬·茨威格》，1904 年 11 月 9 日

《彼得·卡门青》的出版，使黑塞具备了专心写作的经济实力，他要实现当专业作家的梦想。这时，黑塞 27 岁。“男大当婚”，中外皆然，况且他的女朋友已经 35 岁了。对于未来的工作和生活，他必须考虑组建家庭，因为在第二次意大利之行中，他已和玛丽娅·贝诺利双双坠入爱河。

说起这位玛丽娅·贝诺利，可不是等闲之辈。她的父亲贝诺利是巴塞尔著名数学家，这自然是名门之后。她本人是瑞士第一位职业摄影家，同时又是钢琴家，特别喜欢莫扎特，尤其对“钢琴诗人”肖邦的作品别有会心，更可谓才华出众。在意大利之行期间，他们很自然地谈起了音乐，黑塞受母亲影响，自幼喜爱音乐，对肖邦也是情有独钟，这自然让他们互有知音之感，而黑塞的文学造诣更让玛丽娅甘拜下风。加上那时的黑塞身材高挑，气质儒雅，眼神中不时流露狡黠的深情，一边是“窈窕淑女，君子好逑”，一边是郎君多才，近在眼前，于是二人以音乐为媒，情定意大利。他们在名胜古迹相依相伴，交流着对文学艺术的心得，自晨

至夕,不胜缠绵。虽然玛丽娅比黑塞大 8 岁,可说不完的情话、知心话消弭了年龄的差距,成就了这场姐弟恋,彼此满意而归,等待时机,好成眷属。

然而,正应了中国俗语“好事多磨”,他们的结婚申请被数学家贝诺利教授否决。由于资料缺乏,否决的详情不得而知,推测起来,肯定与黑塞没有固定的职业,没有社会地位,两人年龄差距,又是女大男小有关。作为一个父亲,谁不喜欢女儿生活优裕,被世人艳羡?因为他们从意大利回来时,《彼得 · 卡门青》尚未出版,黑塞还是一个乡下来的穷小子,居无定所,只有高中学历,而玛丽娅是成名的钢琴家兼摄影家,其社会地位、经济条件明显高于黑塞。看玛丽娅那时的照片,她的服饰完全是上流社会妇女的打扮。从年龄来说,玛丽娅比黑塞大 8 岁,别说是在 20 世纪之初,就是在当下,大多数人都是不看好的。

虽然老人坚决反对,一对情侣却爱得如糖似蜜,不为所动,于是,“明修栈道,暗度陈仓”,趁准岳父一次出差离开巴塞尔之机,事不宜迟,他们快速行动,到户籍登记处登记结婚。等贝诺利出差归来,生米已经煮成了熟饭,老人只能承认既定的事实。这时,黑塞收到了《彼得 · 卡门青》的稿酬 2500 马克,加上玛丽娅的薪水,他们完全具备了独立生活的经济实力。

1904 年 11 月 9 日,在写给斯蒂芬 · 茨威格的信中,黑塞谈到了登记结婚的经过:“我的婚礼可以说是快马加鞭。因为我的岳父不同意,在我也是不得已而为之。当他正好不在巴塞尔的时候,我们立刻去户籍登记处登了记。现在,老人在远方怒气冲天,不过他似乎慢慢平静下来了。现在我已为人夫,那种漂泊流浪的日子总算暂时宣告结束了。”

结婚之后,夫妇二人暂时回到黑塞故乡卡尔夫居住,黑塞忙于写作长篇小说《在轮下》。按照他们的共同意见,玛丽娅去寻找一个新的住处,要求具备风景优美、偏僻安静的特点。玛丽娅在瑞士和德国共有的博登湖畔找到了!它是一个名叫盖恩霍芬的小村庄。“她在博登湖畔德国岸边一个小村庄发现了一座已经搬空的农家房屋,虽然有些简陋和陈旧,但是漂亮、安静……那整个地区既没有煤气,又没有电灯,去那里或者离开那里都不是一件简单的事情：除了汽船之外，只有一辆马拉邮车。汽船也很少开，在结冰或刮风的时候，根本就不开。”

他们夫妇都喜欢，很快搬了过去，在这里一直住到1907年。黑塞戏称这里是他“职业上第一个合法的车间”。

> 一个丝毫听不见噪声的巢穴，一个废弃而隐蔽的小窝，还有纯净的空气、湖水、森林，而供我们使用的有五个房间的农舍，我记得，租费每年只需150马克左右。……我的妻子曾为搬迁和安置喜气洋洋，我则兴高采烈地打算建立自己的图书室，并为我专门从慕尼黑订购的巨大新书桌（直到今天还在使用）举行开张典礼。
>
> ……
>
> 总的说来十分乐意，有种种郊游、划船和摆渡等等，十分乐意在精心照料的农家花园学习如何栽种最美丽的鲜花，学习说当地土语。对我而言，这座小小渔村和整个湖岸地带，连同它的上千个水桩，它的神秘莫测的阵阵潮水，还有那延伸广袤的高高芦苇林，都具有极其巨大的吸引力。

我们通过黑塞的如花妙笔，可以想象盖恩霍芬的美丽和宁静，它的偏僻和诗意，黑塞夫妇那时的喜悦和满足。搬到这里的第二年，他们有了爱情的第一个结晶，米娅（玛丽娅的昵称）生下了他们的长子，取名布鲁诺。初为人父的黑塞带着儿子在盖恩霍芬的沙滩上嬉戏，甚至留下了一张父子二人全身赤裸的合影，让我们见识了黑塞性格中潇洒不羁的一面。

他们夫妇还经常在湖畔接待来访的朋友，就在草地上席地而坐，饮酒品茗，谈诗论文，留下了美好的回忆。巴塞尔时期的挚友芬克也搬了过来，他们成了邻居，可以一同回忆彼此的青春岁月。斯蒂芬·茨威格就是在这里和黑塞初次相见，一见如故，从此成为挚友。茨威格来时有一个有趣的插曲：因为书房的门很矮小，兴冲冲而来的茨威格不小心撞上了脑袋，躺了15分钟才缓过来。黑塞在几十年后还提起这一趣闻。

小说家威廉·舍费尔后来回忆他和黑塞在盖恩霍芬的见面时写道:“那是一种难以名状的心境,在盖恩霍芬,他住在湖这边,背对着故乡。而在水那边,他可以看到梦寐以求的郁郁葱葱的山峦,更远处是瑞士的高山,然后是他的意大利。”

初到盖恩霍芬的黑塞,享受了一段“红袖添香夜读书”的美好生活,写作也进入了一个丰收季节。1904 年他研究意大利文化名人的传记《薄伽丘》《圣方济各》均由费舍尔出版社出版,这是两次漫游意大利的副产品,布克哈特的影响在持续。在写作书稿的同时,他还为多家报纸和杂志撰写文章。

在创作上,黑塞在盖恩霍芬时期最重要的收获是《在轮下》的出版。这部小长篇写于 1903 至 1904 年,1905 年由费舍尔出版社出版。这是黑塞创作生涯的又一个里程碑。《在轮下》叙述了 20 世纪初一个少年汉斯·吉本拉特的悲剧故事。汉斯本来是一个天真聪颖的少年,因为当时德意志第二帝国时代违反少年天性的教育制度,在本应对未来充满憧憬的年龄以自戕告别刚刚开始的人生。书名的寓意是“毁于车轮之下”,以表现主角的弱小无助。小说的主角和黑塞的弟弟同名,这不是偶然的。黑塞通过这个悲剧反思、批判了德国的教育制度,批判了那些没有头脑、误人子弟的教师,其中融入了黑塞自己的亲身经历和感受。正应了一语成谶的老话,和主角同名、性格也相像的黑塞的弟弟也以自杀告别人世。

因为小说的描写形象逼真,结局悲惨,小说一出版立即引起各界的震动,毁誉交加,纷至沓来。斯蒂芬·茨威格写信给黑塞说:“我很喜欢这本深刻的、用那么奇妙的艺术讲述的这个关于人性的故事。这里描绘的东西,我在童年时期也有过同样的感觉,然后感觉又消失了……然后就是那两个爱情的场景,如今它们就像我生活中的自己的经历。”大作家茨威格都如此推崇《在轮下》,可见这部小说在文学上的成就。

西奥多·豪斯当时也是一位编辑和作家,后来是第二次世界大战后的首任联邦德国总统。他在小说出版后当即撰文给予高度评价:“这本书叙述了一个施瓦本男孩的短暂历史,他的生活原应平静而美好,却被所谓'好心'和习惯势力的可怕机器消灭和压碎了。汉斯·吉本拉特是社会体制的牺牲品,牺牲于他那小市民父亲无理解力的驱赶、刺激和扼杀之下。一部社会批判小说么?是的,那里用温暖热情的语言通过一个青年提出了对整个年轻人权利的要求。"豪斯称之为"灵魂要求",通俗地说就是心灵自由的要求。

因为小说对教育界的真实描写,对当时教育制度的批判,在社会上,尤其在教育界引起轩然大波,骂声四起,让黑塞感到心灰意冷,《彼得·卡门青》带来的快乐被一扫而空。他的知名度也空前提高,个人的生活被搅乱。他在写给茨威格的信中说:"我起初对'出名'感到高兴,细想却觉得兴味索然。"在写给朋友金茨基的信中说:"'出名'实在是一种既悲惨可怜、骨子里又十分可笑的事情。我没有哪一天不收到形形色色作者们寄来的新作,出版家们空话连篇的来信(写得不清不楚的),年轻写作者们送来的手稿。最近有些事又让我几乎什么事也干不成,四面八方都有人朝我吐唾沫,因为《在轮下》让他们大为恼火。"

真金美玉,自有识者,文学作品的价值最权威的评价是历史的检验。让黑塞最为欣慰的是四十多年后,他收到一封来自日本东京的高中生的来信,对作家给予无限的景仰和期待:

> 我是东京的一个高中生。您的著作我读的第一本是《在轮下》。一年前我读了这本书。当时我非常严肃地思考着何谓孤独的问题,我像吉本拉特一样,正处于心灵极端混乱之中。我在诸如此类书籍中寻找,我想找出符合自己精神处境的书来读。当我在您的那本小说中发现您描写的那位青春少年时,笔墨难以形容我的巨大欣慰。我想,没有相同体验的人,大概是无法理解您的。
>
> 从那时开始,我就不断阅读您的作品。读得越多,我在书中找到自己的感觉就越深。如今我相信,那位最理解我的人就在瑞士,他始终关注着我。请您保护我,也多多保重自己。

不难想象,收到这封来自东方少年的来信,古稀之年的老人内心何等的欣慰,有这样的读者,作者经历再多的磨难也不在话下。“相识满天下,知音有几人?”超越了时间、语言、民族、国家,如此感动后来的读者,世界文学史上这样的作品又有多少!

深入研究《在轮下》,我们就知道,它的成功不是偶然的,黑塞在少年时期深受德国教育制度的戕害,甚至曾经决心结束自己还在青春少年的生命。他的胞弟汉斯,秉性仁厚,工作敬业,因为没有叛逆精神,处处受挫,才到中年就用小刀结束了自己的人生。“教育猛于虎”,这是黑塞从现实深入思考得出的结论,不仅德国如此,欧洲如此,中国、东方莫不如此。“救救孩子!”黑塞在 20 世纪之初的欧洲,比鲁迅略早也发出了同样的呼吁,虽然他没有用这句话,其实质是一脉相通的。

我们来看,早在《在轮下》出版前两年的 1904 年,他在写给同母异父的哥哥卡尔·易生贝格信中说道:“学校是我迄今唯一认真对待,也是不时触动我的当代文化问题所在。学校对我造成了很多伤害,据我所知,凡是比较重要的人物很少未受过类似伤害。我在那里仅学会了拉丁语,因为不说谎便寸步难行——无论在卡尔夫小城抑或在文科中学——我们家的汉斯便足资证明,因为他秉性真诚——卡尔夫人几乎把他整死了。于是他——自从他们在学校毁了他之后——将会一辈子就留在了车轮之下。”看了这封信,我们不能不佩服黑塞的洞察力,他不幸而言中,汉斯的命运果然不出哥哥所料!“性格决定命运”,这是现实版“汉斯”的悲剧!

弟弟的英年早逝,是黑塞心中永远的痛,到了花甲之年,他专门写了长文《回忆我的弟弟汉斯》,从幼年的兄弟怡怡,说到小哥俩的摩擦,自己对弟弟有意无意的伤害,重点批判了害人的教育制度对弟弟一生的误导,最后使这个好人早早结束了自己尚在壮年的生命。

《在轮下》的影响是持续的,1980 年 4 月 16 日,德国先锋女作家嘉勃丽艾·沃曼还在《法兰克福汇报》上撰写长篇评论高度评价黑塞“灵魂要求”的重要性:

> 黑塞对人类的深刻怀疑,对灵魂懒惰之不道德的轻蔑,这种懒

惰灵魂戴上了争取成就的假面具而被虚伪地称之为勤奋工作。它们被表明为诚实无欺，它们做出团结一致的姿态，被认为是对一切复杂事务、一切敏感和孤独的个人做着好事。……这种懒惰灵魂大都是用关怀的口吻对一个他认为受到自己关注的人表示和平、美好、善良心愿，黑塞用对比的反差强化了其可怕程度。……讽刺嘲弄在书里表现得如此平静，如此实事求是，如此貌似迟钝，使我直到今天才能够对此作出正确评价。不过，无论在我的哪一生活阶段，我始终都站在黑塞一边。……我在我们那些迟钝冷漠追随纳粹的教师们身上再度认出了汉斯·吉本拉特的折磨者们，寻找到了其间的一致性。我把黑塞这部长篇视为一种最热诚的反抗、一种憎恨和讥讽低劣教育者虐待孩子们的措施。

赞誉也好，谩骂也罢，没有影响黑塞继续写作的情绪。在琴瑟和谐的家庭气氛中，在安静美丽的环境中，他文思泉涌，不断写出佳作。1907年，短篇小说集《此案》由费舍尔出版社出版；1908 年，短篇小说集《邻居》由费舍尔出版社出版。包括出版于 1912 年的《弯路》都写于盖恩霍芬。这些短篇小说均以卡尔夫为原型，生动描写了小城盖尔贝绍的风土人情，四季风光，给读者留下了深刻印象，学者们把它们与凯勒描写的赛尔维德拉、乔伊斯描写的都柏林相提并论。这些作品介于小说与散文之间，它的环境描写是真实的，人名是虚拟的，黑塞以委婉蕴藉的文笔，描写了各色人等的喜怒哀乐，其中的许多人物就是黑塞少年时期的伙伴或接触的人，具有隽永、感人的艺术魅力。这些作品有《童年轶事》《大蝴蝶》《大旋风》《夏日之旅》《拉丁语学校学生》《第一次冒险》《婚约》《小城之恋》《世界改良者》《太阳屋纪事》等。德国学者马克斯海曼－迪尔拉姆评价说："第一次世界大战前的德国小城风貌，它的紊乱无章，人各不同，它的毫无危险性，在这里获得了既细腻又严格真实的描绘。它确实是当年那座丰饶的上帝的动物园。"作家图柯尔斯基则折服于黑塞的叙事艺术："极少的人能够写得像黑塞那样。他不仅能够写出一个夏日黄昏和一次令人精神愉快的海水浴，描写出体力消耗后的乏力感——做到这一点也许并不难。然而，他却能够做到让我们的内心也随之炽热、凉爽和乏力。”

黑塞以他不断发表的佳作，不断地扩大着影响，吸引了越来越多的读者，特别是高级知识分子。虽然盖恩霍芬交通不便，但黑塞的读者们口耳相传，到盖恩霍芬来的客人慢慢多了起来。这些客人以文化人为主，包括了作家、音乐家、雕塑家、画家，也有建筑家、医生、企业家等等。由于这些朋友的作品，我们看到那个年代黑塞的不同影像，诸如恩斯特·维腾贝格为他画的头像，路德维希·米夏莱克为他画的半身像，奥拉夫·吉尔布兰为黑塞画的漫画像——人头鸟身，让人们忍俊不禁，而格莱特·罗德施坦为黑塞拍的半身摄影最为本真：留平头，戴圆框眼镜，上唇蓄短须，西装笔挺，打领结，手夹雪茄，神情严肃而自信。1906 年 2 月，雕塑家爱德华·齐莫尔曼还制作了黑塞半身雕像。他的摄影家朋友还拍摄了黑塞与长子布鲁诺嬉戏，与朋友们在博登湖畔野餐的珍贵场景，画面流溢着温馨快乐的气氛。

随着布鲁诺的长大，黑塞稿酬收入的增加，他们感觉到盖恩霍芬生活的不便，夫妻二人觉得有必要对家庭设施进行改善，特别是对浴池、烧水锅炉的迫切需要。经过一段时间的考察，他们在盖恩霍芬附近买了一块地，自家的资金不足，从岳父那里借了一部分，巴塞尔建筑家兴德曼自告奋勇，义务承担了房子的设计和监工。新房子于 1907 年 9 月竣工，黑塞和朋友们称其为“艾伦楼”。从照片看，这是一座二层的欧式别墅，大约十个房间，生活条件有了大幅度的提升。黑塞这样介绍他的新家：“这所房子比那所旧房子更大、更舒适。……这儿有一个孩子和豪华的设施，如澡盆和洗澡炉，我们现在都觉得已经不再像三年前那样是可有可无的了……我们用水也不像从前那样完全从井里打，现在房子里有了自来水管。地下室有一个放酒和水果的地窖，还有一个我妻子照相冲洗的暗室。”在他写给菲特尔的信中，他描绘了新家的环境：“假如您到这儿造访，您会看到下面这些东西：一座崭新的带花园的小楼，坐船过去在湖上只要一刻钟，对面的图尔高一带有一座美丽可爱的小山，上面长满了树，湖畔是一些农民的村庄和晾晒的渔网。山丘后面，天气好的时候可以看见瑞士东面的森蒂斯山和格莱尼尔石山。”

在这个新家，米娅和丈夫一样勤奋，1909 年生下了次子海纳尔，1911 年生下了小儿子马丁。

由于孩子的增加，房子的扩大，很自然地增加了家务的劳动量，黑塞慢慢感觉到了家务的烦人。他在写作之余，要照料花园和菜地，“连全家需要的柴火都是我自己锯断和劈开的”。原来其乐融融的家庭生活开始出现裂痕。为了避免冲突，1911 年夏天开始，随着知名度的提高，黑塞开始经常作短期旅行。他在回忆中写道：“我为盖恩霍芬的家耗尽了精力，却觉得它对我已不再具有什么意义了。”这是一个不祥的信号。

可能是夫妻关系的不睦导致米娅思乡之情日剧，这时也有人愿意购买“艾伦楼”，于是他们卖掉了“艾伦楼”，1912 年 9 月迁居于米娅的出生地伯尔尼，租住了位于郊区的一幢 17 世纪的房子，这是他刚去世的朋友、画家阿尔贝特·威尔蒂的房子，重新过起了城市生活，结束了博登湖时期。

八、漫游者黑塞

漫游者具有一切享受中最好、最灵敏的感觉，因为他除了味觉之外还具有关于一切快乐短暂性的知识。

——《椴花》，1906 年

在世界文学史上，黑塞以在作品中的风景描写成为留给读者印象最深的作家之一，这是中外学者的共识。他的风景描写能够取得高度成就，是和他自幼热爱大自然、喜欢旅行、勤于观察分不开的。他的家乡卡尔夫、他长期居住的博登湖都是青山绿水、风景优美之处。从这时期起，黑塞多次到国内外旅行，有时结伴而行，有时独自出行。除了增长关于社会与大自然的知识，了解各地风土人情，调剂情绪，还直接写出了游记、随笔，为后来的创作积累了丰富的素材。

在刚迁居盖恩霍芬时，黑塞夫妻志同道合，都希望过远离尘嚣的乡居生活。黑塞后来回忆道："我们在这农舍里尝试过一种乡村的、简朴自然的、没有城市气息的、不时髦的生活。当时引导我们的思想和理想与罗斯金[①]和莫利斯[②]的很相似，也和托尔斯泰的很接近。我们的尝试一部分成功了，也有一部分失败了，可是我们两人都做得非常认真，一切

① 约翰·罗斯金(1819—1900)，英国作家、评论家、艺术家，改良主义者，主张建立理想社会。热爱大自然，主张艺术应该表现质朴的美，尊重体力劳动者和手工艺人。

② 威廉·莫利斯(1834—1896)，英国诗人、美术设计家，他追随罗斯金，认为艺术应包括整个人为的环境，艺术美是人在劳动中得到的乐趣的产物。

都是怀着真诚和牺牲精神去做的。”这里所说的成功指他们安心在乡下居住,失败是指夫妇原本想过隐居生活,但因为黑塞成名后影响越来越大,作家、音乐家、记者、编辑不绝于道,隐居生活有名无实。

1900 年,为了抵制欧洲日甚一日的城市化、技术化,比利时的富二代亨利·欧德科文和奥地利人伊达·霍夫曼在真理山建立了一个素食主义者居住地。真理山原名阿斯科纳山,位于瑞士南部,海拔 321 米,林木茂密,风景优美,因交通不便而不为人知。在这里,他们的饮食以素食为主,过尽量远离工业社会的生活,甚至集体全裸行走,以此抵制城市化带来的种种弊端。这一群体的出现,很快引起了人们的注意,黑塞因为距真理山很近,也关注到这一现象,素食主义者的理念有一部分是与他不谋而合的。1907 年春天,他也来到了真理山,亲自体验这里的生活。

刚来这里时,清新的空气、全新的生活方式,给他带来震撼和快乐,他马上写信给朋友们,希望他们也到这里来:“你也应该到这里来一趟,对你来说,这儿可能有收获:阿尔卑斯山、湖泊、岛屿、带有野性的岩石山、大自然里的裸体等等。我们有空气浴和日光浴广场,人们在这里全都裸体行走……无论如何,我还要在这里待一段时间……我一个人住在自己的木屋里,完全在绿色之中,我有足够的安静和自由。同时我生活得十分节制并且吃素,在这里我觉得很简单。我几乎已经失去了对意志自由的不可缺少的直觉信仰,现在,我正在这里慢慢地、合法地和愉快地享受着回到长裤汉的初始状态。”

在真理山期间,勤于写作的黑塞及时记录了当时的生活感受:

> 我认识到了什么是寂寞和苦难,我回到了最原始的生活里,看见了我那直觉的苏醒……我寻找又高又陡的山岩,从那儿我能垂直地观看下面温暖的大海一般的蓝色……我赤身裸体地生活,像麋鹿一样地警觉。三个星期以来,我不知道什么是床,什么是火,什么是肉,什么是蔬菜,什么是佐料,没有勺子也没有叉子……
>
> 虽然我获得了一种信念,我们的民族及其全部生活有可能靠水果的营养再生并接近裸体生活,但是我没有寻找过这样的知识,我

把这些算成亲身的体验。精神上我没有做过……尽管如此，我还是认为，我的精神生活也曾经受过某种管教并得到了痊愈。稍微多一点忍耐，稍微多一点简朴……在独自与石头、野草及树木一起生活过之后，再看见人，每次都会感到一种奇妙的激动。

这样的生活不仅在20世纪初，即使是在一个世纪之后的现在，仍然是惊世骇俗的。现在保存有黑塞在真理山上漫游的照片，1910年黑塞裸体攀爬阿姆登山的照片，摄影者在他的侧后方，照片上的黑塞一丝不挂，神态自若，没有丝毫的不自然，一身肌肉，是一个健美的中年男人。从这些资料可以看出黑塞那个时期的身体状态和精神状态，他对人与大自然的关系、人类精神生活与物质生活的关系的深刻思考。后来，黑塞把在真理山的生活整理为《在岩石间：一个自然人的笔记》一书公开出版。同时，他又写了短篇小说《野人/森人》《世界的改变者》《科诺尔戈博士的末日》等，以文学的形式记录、评论了素食主义者，在《科诺尔戈博士的末日》中，他这样写道："那里有素食者、素食主义者、生食者、生活简单者和混食者，他们的努力是一种素食的犹太复国主义的努力。各种教会的牧师和教师纷纷来到那里，有假印度教徒、神秘主义者，按摩师、磁感教父、魔术师，健康祈求者。这些在欧洲和美洲出了轨的人，大多数身上都有许多素食者特有的被看作唯一恶习的懒惰。"从这样的叙述中，我们可以看出黑塞对这一群体、这一思潮引而不发的看法。

除了参加真理山素食主义者的试验，黑塞还不定期地和朋友们进行短期的旅行。考察他这一时期的生平资料，这是他与米娅的关系不睦、对家庭生活产生厌倦的时期。在他们结婚生子后，最初是孩子带来的喜悦，黑塞对初为人父喜形于色。1909年7月1日在写给弗朗茨菲特尔的信中这样说："在家里，我最好的东西是我的孩子。从3月1日起，我有了第二个男孩，第一个已经3岁半了，他每天和我在一起的时间很长，有时在花园里，有时在外面，他是一个头发淡黄的聪明的小家伙，也是我最好的朋友。"黑塞留下了多幅与孩子嬉戏玩耍的照片，给读者印象最深的是与长子布鲁诺在盖恩霍芬沙滩上的一张，他和儿子都是全裸，黑塞弯腰在和儿子说话，布鲁诺在笑着，仰视着父亲，天伦之乐，其乐融融。看其情景，应该是米娅夫人亲自拍摄。

随着第三个儿子的出生，日益增多的家务让黑塞感觉不堪重负，原来的乐趣开始变味儿了。1908 年他再给朋友写信时，调子已经很沉闷了："我独力种植，照料着我们的蔬菜和花卉，给苗圃施肥、浇水，清除路上的杂草，甚至连全家需要的柴火都是我亲自锯断和劈开的。这些都是美好的富有教益的工作，可是到了最后都变成了沉重的奴隶劳动。如果把务农劳动当作游戏，那这些农活都是很不错的，但当它们成为习惯和责任时，乐趣便消失了。"

为了调剂自己的情绪，黑塞越来越多地外出旅行。这一时期他最喜欢邀约的朋友是邵艾克，现在保存下来的有多幅二人结伴出行的照片，有一幅两人 1911 年在奥尔维埃托体育场露天午休的照片，二人并排仰卧在阳光下，用帽子盖着各自的眼睛。甚至有一幅两个人在意大利南部菲克斯塔尔假装决斗的照片，看起来十分搞笑，充分表现了黑塞性格中顽皮的一面。那次旅行他们是和弗里茨・布卢恩一起去的，布卢恩后来专门写了文章《和奥托马・邵艾克、赫尔曼・黑塞在乌姆布里恩的一次旅行》，其中回忆道："奥尔维埃托是这次旅行最南部的地方……过了西埃纳，我们乘车去了蒙特普尔西亚诺，我们在那儿喝了最好的淇安醍，那种饮料到处都可以找到。不久我们又来到海边，在齐亚瓦利，在高高的山路上漫步，向拉帕洛走去。在那儿我们看见格哈德・豪普特曼①在岸边散步，我们向诗人鞠了一躬。"

这一时期，黑塞两次到意大利旅行，表现出浓厚的兴趣。对于意大利的魅力，他早在 1904 年写给哈斯的信中是这样解释的："如果说人们从每一次意大利之行中都带回无法估量的内心资本的话，那么这笔资本从表面看也会产生好的利息，对此我完全可以给您担保。人们将从那里获得一种可以补偿一切的内心对于快乐和美的占有。"意大利使黑塞收

① 格哈德・豪普特曼（1862—1946），德国现代著名剧作家，又译霍普德曼。1912 年诺贝尔文学奖获得者。

益无穷，他“资本”与“利息”的比喻真是妙趣横生。

更有意思的是，欧洲已经不能满足黑塞的兴趣，他把目光投向了遥远的东方。

九、印度之行

在民族方面我看见了马来人、爪哇人、塔米尔人、锡兰人、日本人和中国人。关于最后这种人必须说伟大，一个令人敬佩的民族！另一些民族的大多数都是可怜的古老天堂人类的残余，他们被西方人收买并吃掉了，可爱、驯顺、灵巧和卓有才能的自然的民族，被我们的文化消灭了。

——《致康拉德·豪斯曼》，1911 年 11 月

中国人的世界给我一种种族和文化纯洁的极其富丽堂皇的印象，这种文化我们不熟悉，在我们那里只有英国人与这种文化有一点相像。

——《致士瓦本镜报》，1911 年 12 月

很清楚，任何东方的舶来品都不能在这里帮助我们回到印度或中国，也不能帮助我们逃进任何能够说得出来的教会的基督教信仰。

——《回忆亚洲》，1914 年

在盖恩霍芬生活的最后一段时间，大量的社会现实问题和自己的家庭问题迫使黑塞深入思考欧洲文化问题和人生价值问题。

这时，因为黑塞的成名，许多地方邀请黑塞去朗诵自己的作品。作

品朗诵会是当时欧洲流行的一种文化生活。为了减少与米娅的摩擦，调剂自己的情绪，黑塞开始频繁地出行，多数是参加作品朗诵会。

1908 年 10 月，黑塞南下维也纳参加斯蒂芬·茨威格为他安排的作品朗诵会。返程时先到慕尼黑，参加《三月》杂志工作会议。《三月》杂志成立于 1905 年，由黑塞、出版人朗根、画家路德维希·托马和作家特奥多尔·豪斯共同发起，宗旨是反对当时开始流行的普鲁士军国主义思潮。黑塞负责文学版，他说“我生平第一次获得了一种政治的生活。……讽刺的主要目标是柏林的政治生活、普鲁士军国主义的片面性和高傲自大以及威廉皇帝本人。这三个敌人也是我的敌人，在这里我也能够有政治的同感，我在这里看见了损坏文化和人民生活的退化现象与政治的东西紧紧地联系在一起。”在欧洲和中国，有相当一部分人认为黑塞是隐士，这显然是一种误读，黑塞毕生都关注德国、欧洲的政治和文化动态，关心整个人类的前途命运，只不过他一直在体制之外，以与众不同的方式关注，他本人只是喜欢居住在远离尘嚣的环境中。

面对世纪末以来欧洲的乱象，黑塞直觉欧洲文化出了问题，他需要跳出来，思考欧洲文化的病症所在。他开始大量阅读翻译成德文的印度和中国哲人的著作，思考日益紧迫的问题。据学者研究，自 27 岁那年起，黑塞关注有关印度和中国的译著，进行研究并撰写评论。在从事创作的同时，不间断地撰写文学、文化评论，这是黑塞很突出的特点，在《黑塞全集》中，评论文章比文学作品还要多，这是读者需要特别注意的。在这一点上，黑塞与中国的鲁迅很像。

1919 年 7 月 26 日，他在写给爱丽斯·劳伊特霍尔德的信中这样说：“多年来我就相信，欧洲的精神在走向没落，需要回到亚洲的源泉去。有数年之久，我很敬佩佛陀，从最年轻的时候起，我就开始阅读印度的文学。后来，我觉得老子和中国人更亲近。对于这些念头和研究来说，我的印度之行仅仅是一个小小的附加物和插图，不会比这更多。”

黑塞的父母、外祖父都曾在印度传教多年，耳濡目染，黑塞的头脑中无数次出现过那个摇曳的东方国家的画面。“百闻不如一见”，黑塞下决心到那里亲自看一看。经过一段时间的准备，他与画家朋友汉斯·斯托岑艾格尔结伴，于1911年9月登上了驶向东方的“爱特尔·弗里德里希王子号”轮船。对于本次印度之行，黑塞是这样说的：“我的旅行是一种逃避。我几乎带着厌恶逃离欧洲，我不喜欢它缺乏审美能力，它的庙会般的喧闹，它的匆忙不安，它的愚蠢的享受狂。”(《印度客人》)

轮船从意大利热那亚起航，通过苏伊士运河，经过阿登，先到科伦坡（锡兰，今称斯里兰卡），再到槟榔屿、吉隆坡、新加坡、占牌、帕莱昂、巨港（苏门答腊），最后到达印度。返程时先到新加坡，再到科伦坡、康迪，在康迪，喜爱登山的黑塞与斯托岑艾格尔登上了锡兰的最高峰。然后经过苏伊士运河返回。全部行程四个月，于1912年1月返回盖恩霍芬。

四个月的东方之行，黑塞自己称为“印度之行”，虽然时间不算长，收获却是多方面的。出发之前，他的初衷是考察印度，因为那是父母、外祖父传教多年的所在，也是佛祖成名成圣之地。旅行、考察的过程中，中国人、中国文化给他留下了极为深刻的印象，以至于他把中国文化作为拯救欧洲前途命运的良药，一见难忘，痴迷终身，学者称之为“由印度转向中国”，成为他文化研究历程中最重要的转折点。这一转折在其后来的生命历程中会日渐显豁地显现出来。

在本次东方之行过程中，勤于写作的黑塞不断以书信、明信片的形式向友人叙述所见所感。1911年11月底，他在写给《三月》杂志同仁康拉德·豪斯曼的信中写道：“我从热带自然中看到的主要是原始森林，然后是苏门答腊的河流，马来海域的群岛和锡兰的神话般的肥沃。作为城市，尤其是新加坡和巨港特别有意思。在民族方面，我看见了马来人、爪哇人、塔米尔人、锡兰人、日本人和中国人。关于最后这种人必须说伟大，一个令人敬佩的民族！另一些民族的大多数都是可怜的古老大堂人类的残余，他们被西方人收买并吃掉了，可爱、驯顺、灵巧和卓有才能的自然的民族，被我们的文化消灭了。假如白人能够忍受这儿的气候并让他们的孩子在这儿长大成人，那可能就不会有印度人了。”到东方之初，中国人就给黑塞留下了极为深刻的印象，随着时间的推进，更强化了他的观察。

应该是来东方之前，黑塞接受了几家报刊的约稿。1911年12月他在写给《施瓦本镜报》的信中，再次指出："印度半岛和马来半岛的世界是一个五彩缤纷的、开心的和人种学的化装舞会。中国人的世界给我一种种族和文化纯洁的极其富丽堂皇的印象，这种文化我们还不熟悉，在我们那里只有英国人与这种文化有一点相像。"

受资料所限，我们对黑塞得出这样的结论的过程不知详情，有一点可以肯定的是这得益于黑塞超凡的洞察力和感悟力。1921 年德国学者库尔特·图索尔斯基在《瓦莱斯卡·格尔特》一书中，引用了黑塞《来自印度》一书中描述一位马来女人观看中国戏曲的细节，还附有摄影。马来女人坐在前面的灯光里，外表伤心，默默无语。舞台上，一个官员坐在桌子后面，两侧各坐着一个女性，右侧一个花脸在表演。"直到某一个演员的表演刺激了她一下，她才站起来，生命流遍全身。她模仿那个人的姿势，竭尽全力，带着一种毫无希望的、毁灭性的夸张，好像要使同台演出的人不得不感到绝望似的。"这段文字虽然很短，但我们可以看出，不懂中文的黑塞看懂了这出戏是一个悲剧，他"生命流遍全身"一句准确把握了中国戏曲表演的写意特点，在这一点上与布莱希特不谋而合。

印度之行以后，回到欧洲的黑塞始终思考着东西方文化的对比，并不断把自己的思考形诸文字，让更多的人共同思考。总结起来说，考察印度的结果让他失望，意外的是中国文化燃起了他的希望之火。

他 1914 年发表的《回忆亚洲》一文，提出了许多重要的观点：

> 我必须停止在印度寻找解救欧洲的途径，停止心中对欧洲的敌视。我必须在精神上和感情上把握住真正的欧洲和真正的东方，而这要经过几年又几年才能达到，那是充满痛苦、不安、战争和绝望的几年。
>
> 热带国家被压迫的民族作为具有同样阐明权利的老债权人与我们的文明相对峙，有点儿像欧洲的工人阶级。穿着皮大衣坐在私家车里，从步行回家的疲倦、冻馁的工人身边开过去的人，就像那些生活在锡兰、苏门答腊或者爪哇，身穿五颜六色衣服默默服务着的佣人的主人那样，不会向自己提出更严肃的良心问题。

整个东方散发着宗教的气息，就像西方散发着理智和技术的气息一样。西方人的精神生活看起来似乎很原始和背弃了任何偶然性，与亚洲人的那种隐蔽的、精心维护和充满信任的宗教特性相比较，不论是佛教徒或者穆斯林还是别的什么……到处都可以看到我们的文明和技术占有的优势，但是我们也到处都可以看到东方信教的民族享受着一种财富，那是我们所缺少的，正因为如此我们把它摆到比所有的那些优势更高的地位。很清楚，任何舶来品都不能在这里帮助我们回到印度或中国，也不能帮助我们逃进任何能够说得出来的教会的基督教信仰。但是，同样清楚的是，欧洲文化的得救和继续存在只能通过重新找回精神的生活艺术和精神的共同占有。至于宗教是不是那种可以克服和替代的东西，可能永远是一个问题。如果宗教或者它的替代物就是我们深感缺少的东西，那么对我来说，这一点从来没有像在亚洲的民族中间那样变得如此无情的清晰。

而在《印度客人》中，他再次强调了中国人给他留下的深刻印象：

印度人没有给我留下什么印象，他们就像马来人一样孱弱和死气沉沉。令人感到强大而富有朝气的是中国人、英国人，不是荷兰人……特别值得一提的是中国人：一个强大的民族！与之相比其他的亚洲民族只能算可怜的小弟弟。

对东西方文化的比较，对欧洲和人类前途的思考，从此成为黑塞伴随终身的终极问题，对此问题思考的阶段性成果除了大量文章，就是1922年问世的《席特哈尔塔》（又译《悉达多》），1946年问世的《玻璃球游戏》，后者以其高度的艺术成就使黑塞斩获当年的诺贝尔文学奖，详见后文。

1955年，在日文版《黑塞文集》的序言里，黑塞再次郑重地谈起这一话题：

东西方之间严肃而又多产的理解不仅在政治和社会领域里是我们时代伟大的、尚未完成的要求，而且也是文化生活领域里的一种要求和与生命攸关的问题。今天，这种理解不再涉及日本人皈依基督教、欧洲人皈依佛教或者道教的问题。我们不应该也不想皈依或被皈依，而是敞开和扩展自己，我们不再把东西方的智慧看作是敌对的互相斗争的大国，而是看作丰饶的生活在其中摆动的两极。

这是黑塞核心思想“双极性”的明确表达，它的雏形在“印度之行”时已初露端倪。

十、《盖特露德》和《骏马山庄》

在家庭关系中，隔阂与恨意似乎是不可避免的宿命。

这本书讲述的是一个失败的婚姻，但它并非基于一种错误的选择，而是基于一个深层的问题：一位艺术家或思想家、一个男人，他不仅凭着天性去生活，而且想要尽可能客观地观察和表现他的生活，这样的一个人是否能够结婚。

——《致父亲》，1914 年 3 月 16 日

东方之行结束之后，1912 年 9 月，黑塞举家迁居瑞士伯尔尼。选择迁居，从家庭生活来说，是因为米娅的乡思。从社会生活来说，是黑塞对日益严重的德国军国主义思潮的反感。他后来回忆说："除了个人的烦恼之外，我也日益强烈地感觉到威廉的那个自负而且好吹嘘的德国社会里有一种政治上的不快，那种不快，类似今天几乎每个人面对西方的权力积累和军备增长所感觉到的那样。那种不快的感觉导致我在战争爆发之前两年就从德国和许多关联与传统中走了出去。"(《对几位医生的回忆》)

到了伯尔尼，他们选择住在远郊一座住宅，这里原是黑塞的朋友、画家阿尔贝特·威尔蒂家，他在三个月前刚去世。对于伯尔尼，黑塞是非常喜欢的。"瑞士最美丽的古城，一片充满活力和美的土地，有品种优良的各种各样的树木，有肥沃的土壤、良好的水质、近处的山……我住的

地方很简朴，但那是郊外一座十分安静而且豪华的伯尔尼贵族的房子，只是有点年久失修，除了田野、树木、美好山峦之外，没有别的邻居。”（1912 年 5 月 30 日致奥托·豪斯曼的书信）

黑塞一家在这里一住六年多，直到 1919 年 4 月，黑塞和孩子们在这里生活得很愉快。1915 年 8 月 21 日，法国作家罗曼·罗兰曾来此拜访，他在当天的日记这样写道：“我在伯尔尼拜访了赫尔曼·黑塞。他住的地方在离城里相当远的一个山丘上，在阿尔河的左岸……一所偏远的小别墅，以前画家威尔蒂住在那儿……（黑塞）和他的妻子和儿子们住在那里，两个相当漂亮的 8 岁到 10 岁之间的男孩，整天光着身子，就像小野孩，从头顶到肚子，从屁股到脚跟，只穿着一条小游泳裤衩。整个庄园有点荒芜，房子很旧，他的工作室很大，宽敞而且明亮。”

从黑塞、罗曼·罗兰的文字，还有保存至今的这座住宅的照片看，这是一座带花园的别墅，用中国传统的名称叫山庄可能更恰当。它继续保持着黑塞对住所的一贯要求——环境安静，风景优美。“我和我的多口之家住在城郊一所古老的庄园里，那里有许多古树，对面就是山。我所需要的，首先是一些可爱的朋友、优美的音乐、美丽的给人印象深刻的风景、一个古老而又坚固的城市和一个火车站，以便有时可以离开。”（1912 年 12 月 17 日致路德维希·托马的书信）

在迁居伯尔尼的前后，黑塞一直保持着旺盛的创作势头。这一时期，主要的作品是两部艺术小说，1910 年出版的《盖特露德》，描述音乐家的爱情故事；1914 年出版的《罗斯哈尔德》，描写画家的家庭生活悲剧。还有 1911 年出版的诗集《途中》，1912 年出版的短篇小说集《弯路》，而 1913 年出版的《印度札记》，则是他对东方之行的笔记整理。

黑塞能够写出描述音乐家和画家的小说，是和他深厚的艺术修养分不开的。音乐和美术是他自幼的爱好，音乐方面还受到母亲遗传的影响。从巴塞尔时期开始，他结识了不少音乐家和画家，1909 年 12 月，他还拜画家、木刻家奥托·勃罗梅尔为师，开始学习绘画。他与米娅喜结连理后，对音乐家的观察成为生活的一部分，与音乐家的交往更是得天独厚。他的音乐家朋友有不同的角色，有指挥、作曲家弗里茨·布卢恩，伯尔尼乐团的指挥;阿尔芳斯·布卢恩,音乐会经理;伊露娜·杜利戈,宫廷女歌唱家;乐队队长赫尔曼·苏特尔;作曲家奥托马·邵艾克等等。在这些朋友中,黑塞与邵艾克的友情最值得一说。奥托马·邵艾克(1886—1957),20世纪欧洲著名的歌曲作曲家,也是为黑塞作品谱曲最多、最有影响的作曲家。他的成名作就是为黑塞作品谱曲的,同时为詹姆斯·乔伊斯等人的作品谱曲,其演绎深刻得到诗人们的高度评价。他在为黑塞作品谱曲后,很快就到盖恩霍芬拜访了黑塞,二人一见如故,成为莫逆之交,一直到1957年邵艾克离世。1931年黑塞在《奥托马·邵艾克》一文中这样写道:"我曾经对上百位作曲家耸过肩或怀着敬畏赦免了我的诗。但在邵艾克谱写的曲子中没有丝毫的、哪怕是轻微的对诗歌文本的误解,没有一处缺少对细微差别最纤细的感觉,到处都以几乎令人震惊的自信将手指放在中心点,在那个点上他为一个词汇或两个词汇之间的摇摆不定搜集了诗的经历……他像一位猎人察看动物的足迹那样读诗或看画。"这样的作曲家就是诗人的知音,他具有让原作相得益彰的能力。1929年黑塞还在邵艾克谱曲后这样批注:"我觉得,这10首曲子像穿过我的全部抒情诗的一次散步,它们的声响在曲子中几乎完全地表现了出来。对我来说,这是奥托马·邵艾克最可爱的作品之一。"邵艾克共为黑塞23首诗歌谱写了音乐。因为与邵艾克合作愉快,黑塞还在1910年为他写了轻歌剧《被赶走的丈夫》,1911年又写了《毕安卡》。1910年还为作曲家阿尔弗雷德·施棱科尔写了三幕歌剧《逃亡者》。中国有"欲知其人,必观其友"的古语,从黑塞的朋友圈可以看出,他们是欧洲文艺界不同领域最顶级的人物。

在和音乐家的交往方面,米娅功不可没。她以其精深的音乐修养和女主人的热情好客维系着黑塞与朋友们的交往。

正因为有一位音乐家的夫人,有许多音乐家朋友,黑塞才能写出《盖特露德》,而且写得如此精彩。

《盖特露德》也译《格特鲁德》,这部小说的主角都是音乐家,主要人物有三位:作曲家库恩、歌唱家穆奥特、女高音歌唱家盖特露德,小说的名字就是女主角的名字,由此可以看出她在全书中的地位。故事由库恩开始，他分别结识了两位歌唱家，然后沿两条线展开。穆奥特外貌英俊，性格阳刚，演技上佳，是那种天然吸引女性的男人；库恩性格内向，少年时期因车祸而跛腿，但有过人的音乐才华，在社交界崭露头角，与盖特露德相识。盖特露德出身上流社会，既有花容月貌，又有动人的歌喉，非常欣赏库恩的才气，二人的关系若即若离，因库恩缺乏自信，被不知内情又善于撩妹的穆奥特捷足先登，抱得美人归。穆奥特的影响日益扩大，极力向音乐圈推荐库恩的作品，二人相得益彰，结下深厚的友谊，都取得事业的辉煌发展。随着时间的推移，穆奥特性格上的喜怒无常，带给盖特露德极大的痛苦，库恩看在眼里，急在心里，却又爱莫能助。最后夫妻分居，盖特露德回到娘家，夫妻各自要强的个性，导致互不相让，互不道歉。酗酒的穆奥特十分痛苦，最后在酒后给妻子写了诀别信，以明心迹。盖特露德读了家书，才知道穆奥特已经开枪自戕，一对让人们艳羡的神仙眷侣终成人间惨剧，依旧单身的库恩欲哭无泪，不知生活如何继续。故事到此戛然而止。

作为黑塞中年时期的代表作，《盖特露德》取得了很高的艺术成就，其思想含量和艺术含量都是值得深入研究的。

从思想上来看，人到中年的黑塞对人生、艺术、婚姻已经有了深入的思考、独特的感悟，从而决定了他对小说人物的设置，情节的安排。黑塞最后一任夫人妮依说："黑塞在作品中注入了一些个人的东西。"

这部小说的核心是黑塞对艺术家婚姻的探讨：艺术家特别是男性艺术家是否适合结婚。他在 1910 年 11 月 21 日致特奥多尔·豪伊斯的信中这样写道："就素材方面来说，在《盖特露德》里应该进行新的尝试，这本书好像涉及一种困难的平衡，一方面在对世界的爱和逃避现实之间，另一方面在自我满足和渴望之间，在真正的艺术家身上发出颤音。从表面上看，这不是什么伟大的素材，但在心理上却是伟大的。"在小说中，穆奥特在和盖特露德结婚之前，他们和库恩都过着快乐的日子。他们新婚燕尔之际，自然是卿卿我我，你侬我爱，库恩若有所失。时间一长，夫妻之间即生嫌隙，不和谐的声音越来越大，而夫妻各自的个性决定了渐行渐远，办法只有分居一途。"性格决定命运"，最后以穆奥特自戕而收场。

盖特露德是最主要的主人公,她的美貌和性格都具有无限的魅力,是社交界的女神,库恩和穆奥特各自故事的发展都在这里交集。这是黑塞倾力塑造的女性形象,也是黑塞塑造的最成功的女性形象之一。在这一形象的性格塑造上,融进了黑塞对米娅的美好印象。从米娅留下的照片看,她的容貌远没有盖特露德那样超群出众,她的气质流露出女钢琴家的雅致脱俗。黑塞这样谈到对盖特露德形象的设计:“盖特露德作为人物而言,过分朦朦胧胧,讲得精确一点,与其说我把她写成一种个性,不如说我把她塑造为一种象征,她同时成为库恩整个发展道路上不可缺少的兴奋剂。”(1910 年 12 月 27 日致康拉德·霍斯曼信)

在这部作品里,我们可以欣赏黑塞对音乐的精彩描写,他对音乐的深刻理解,他对音乐的细腻感受,他能够描述出听音乐对人情绪和心理的微妙影响,中国形容诗人有“诗中有画”的概括,而黑塞做到了“书中有音”,他的描写远远超出了“夜半钟声到客船”的一般陈述,细腻入微,不时让我们叹为观止。

> 演奏过程中我感觉到发自内心的快乐和舒畅,我随着节奏摇摆,自由地在音乐激流的共鸣中飞翔,我觉得这些旋律都是全新的,仿佛此刻才被发现……伴随着这种舒适感和音乐的洪流,一种奇妙的幸福载着我,托着我,仿佛我突然间明白了什么是爱情。那感觉并不陌生,而是长久以来的预感变得澄明和明确起来,那是回归故乡的感觉。
>
> 她的声音高昂、柔和、美妙而轻快,这是我生平听到的最美的声音。在我心中,这声音就像猛烈的南风吹进了冰雪覆盖的山谷,每一声都拨动我的心弦,我感到极度幸福,仿佛要翩然起舞。
>
> 这声音好像不染一丝人类的思想和激情,然而其核心却仿佛带着这种激情的全部甜蜜。

《盖特露德》的故事结构、人物设计在黑塞的创作发展历史上具有极为重要的地位。“双极性”理念在《盖特露德》中已经基本成型:作品的主要人物有两个,一个阳刚(穆奥特),一个阴柔(库恩),相反相成,相得益彰。后来的《纳尔齐斯与歌尔德蒙》等也是如此。难能可贵的是每一次黑塞都能写出新意,不会让读者感到俗套,表现出文学大师的无限创造力。

这一理念的形成得益于黑塞非凡的哲学功底,他对西方哲学辩证法思想的深刻理解和化用。经过多年的思考,他深有感悟地说:“如果某一理论是真理的话,它的反面也应该是真理。”这与中国古代“相反相成”之说不谋而合。从中年时期开始,他一直秉持这一理念观察社会,观察时代,思考人类的未来。在《盖特露德》中,这一理念不时地表现出来。诸如:

> 白天我以双倍的幸福和对美的感受欣赏太阳、森林、棕色岩石和远处的银白色山脉,黑夜则感觉到我忧郁的心灵以双倍的激情在膨胀,我再也无法分辨快乐和痛苦,两者是相同的,并且都令我痛苦,也都令我感到愉快。在内心快乐或痛苦的时候,有一股力量安静地超脱在外,它观察着,认识到光明和黑暗是姐妹般休戚相关的,认识到痛苦和宁静都是同一种伟大音乐的节奏、力量和组成部分。

> 我想痛苦和快乐是来自同一个源泉的,是同一种力量的活动,同一种音乐的节奏,都是美好而必需的。

《盖特路德》一问世,立即受到艺术界的好评。瑞士评论家约瑟夫·维克多维特曼1910年10月25日在伯尔尼《联盟报》发表评论,给予高度评价:“这是一部关于音乐的小说,同时又是一部关于生活意义的小说。如同音乐的本质不仅仅在于优美之和弦赋予人欢乐感,还同等强烈地在于它克服不和谐性的力量,因而人们需要也能够——恰是小说的意义所在——在生活中达到一种克服种种可怕或者悲哀经历与障碍的境地。音乐给予人解脱感,‘人类从音乐中获得再生’,黑塞就是依靠尼采这句名言暗示出小说的主题。我实在想不出还有哪一部本世纪的德国长篇小说有如此理智的清澄性和力量，又能如此美妙、流畅、优雅地运用语言。这里，这种满溢出柔和节奏感的散文是真正的音乐，一种有抑制的行板。”

在市场上，《盖特露德》也表现出强劲的势头，从 20 世纪初一直到一百多年后的如今，不论是欧洲，还是东方，一版再版，常销不衰，2014 年上海人民出版社还推出了最新的译本。为什么会如此，加拿大学者费尔德是这样解读的：“《盖特露德》直到今天还引起兴趣……并且向人们显示叔本华、席勒、歌德、老子、佛陀的影响在这部作品中何等强烈。”就是说这部小说融汇了东西方文化的精华，难怪它受到全球读者的欢迎。费尔德还指出，《盖特露德》是歌德《少年维特之烦恼》的回响，又是托马斯·曼《浮士德博士》即将到来的先兆。其观点大胆而新颖，作为一家之言，很有参考价值。

尽管《盖特露德》既叫好又叫座，黑塞却不喜欢它。他在 1947 年 9 月 9 日致弗里茨与瓦斯莫特的信中这样写道：“我不喜欢《盖特露德》，因而没有把它收入费舍尔出版社为我编纂的全集之中，也没有促使这部小说的再版。”为何如此？黑塞没有解释。在笔者看来，深层原因是小说中穆奥特与盖特露德失败的婚姻，是当时黑塞与米娅婚姻生活不和谐的折射，敏感的黑塞已经预感到此次婚姻即将走到尽头，否则他不会把二人的精神苦恼和痛苦描写得惟妙惟肖，让读者感同身受。在劳燕分飞之后，每提起这部小说自然触动他的精神创伤，因此才会如此处理。但因为作品的思想性和艺术性俱佳，《盖特露德》按照作品的传播规律，在全球广受推崇，这是不以作者的意志为转移的。从另一面来看，黑塞未尝不是内心暗喜呢！

《盖特露德》出版之后四年，1914 年 3 月，黑塞又在费舍尔出版社出版了长篇小说《罗斯哈尔德》，又译《骏马山庄》。《罗斯哈尔德》开笔于盖恩霍芬，完稿于伯尔尼，它的内容与主题与《盖特露德》关系密切，一个写音乐家，一个写画家，都是写艺术家失败的婚姻，连两者的篇幅也几乎相等。

《罗斯哈尔德》是一个庄园的名字，是本书故事的发生地。主人公约翰·维古拉特是一个才华横溢的画家，他的妻子贤淑内敛，爱好音乐，二人生有两个儿子。因性格不合，已分居数年，但保持着表面的夫妻关系。因男主人童年好友的到来，夫妻不睦的真相暴露无遗，好友劝他应该走出困境，不要毁了自己。挚友走后，小儿子因病早夭，双双心系小儿子的夫妻失去了最后的纽带，只能分道扬镳。夫妻二人最后商议卖掉罗斯哈尔德山庄，离开伤心之地，妻子带长子到外地度假，丈夫到印度去旅行。以后怎么办，只有天知道……

比起《盖德露特》，《罗斯哈尔德》有更多黑塞本人的影子。女主人是钢琴家，男主人要到印度旅行，他们家都是男孩，没有女孩，这都是与作者一样的，区别只是黑塞是三个男孩，作品中是两个。男主人对东方、对中国的浓厚兴趣也是黑塞本人经历的折射，因为作品完稿时，黑塞已经从东方回到了欧洲。主人公的挚友奥托为友人孩子"带了椰子、贝壳和中国连环画"，"谈航海、橡胶种植和中国瓷器"，都可以看到那时黑塞的关注所在。书中主人公小儿子生病的细节也是黑塞夫妇亲身经历的翻版，那时他们的小儿子马丁也生了一场重病，没有亲身经历黑塞也不会把父母心急如焚的心情写得如此让人窒息。这从 1914 年 3 月 16 日黑塞写给父亲的信中可以得到印证："这本描写的不幸的婚姻，也许不仅仅建立在一种错误选择的基础上，而是更深地甚至可以说建立在'艺术家的婚姻'的问题上，这个问题就是一个艺术家或者思想家、一个不仅靠直觉生活而且首先愿意尽可能客观地观察并表述的男人——也许简直就是这个男人是否有能力结婚的问题。我知道这里没有一个答案；但是，在这部书里，我的情况尽可能精确地表现了出来；它在这部书里把一件事情引到终点，而我希望这件事在生活中变成另一种样子。"在这封信里，黑塞婉转地暗示了对自己夫妻关系的担忧，希望能向光明的方向转化，最后的结果却是事与愿违。详见后文。

这部不长的长篇小说（译成中文 10.7 万字）表现了黑塞叙事艺术的新高度。他在这样的篇幅内表达了极为丰富的思想含量，关于婚姻，关于夫妻关系、亲子关系，关于友谊，关于人和自然的关系，在给读者以艺术享受的同时,也处处引发读者对上述问题的思考。他对画家创作经过从构思到作画的细节描写,直接得益于自己学习绘画的经历,这之后没过多少年,黑塞就举办了自己的画展。让我们略举数例来欣赏一下:

维拉古特又一次突然暴露了生活的凄凉和心灵自我折磨的深渊,像从前一样,他再次大吃一惊。这无疑就是约翰一再暗示的秘密,他猜测这正是所有伟大艺术家灵魂中的秘密。

这种奇美的景色只能以爱来勾画,以充分的爱和尝试来绘制,就像从前那些精致的大师那样,就像阿尔特多费尔或丢勒。

他怀着一丝阴暗的快感,体会痛苦炙烧心灵的感觉,那是一种野蛮而不堪忍受的痛苦,同时却又纯洁、伟大,他从未有过这样的体验,在那神圣的火焰前,他看见自己忧伤、虚伪、畸形的生活无声无息地熄灭了,渺小得不值一提,甚至不值得去苛责。

因为《罗斯哈尔德》的思想含量和艺术高度,该书一出版就引起了公众的高度关注。评论家库尔特·图柯尔斯基是最早读过书稿的人,他在出书前的1913年就在《剧院》杂志发表了评论,给予高度评价:

倘若不是封面上明明白白写着黑塞的名字,我们可能不知道这本书乃他所写。这里不再是我们熟悉的可爱温顺的黑塞,这是另外一个人……当我把这本书——描写婚姻破裂的书——从头到尾读完时,感觉这完全是导向一部大作品的序言章节。维古拉特在自己最爱的小儿子去世后离家去了异乡,到了印度的朋友处,今后会怎么样呢——这是我很想知道的事。如今黑塞自己也成了维古拉特:他拆毁了故乡的帐篷,他离开了——他要往何处去呢?他的手还是一双大师的手。我们从一开始就十分喜爱和惊叹的东西:他的语句的强大的力量和象征寓意——再一次呈现在这里了。极少的人能够写得像黑塞一样。

图柯尔斯基不愧为敏感的评论家，他的直觉是很准的，《罗斯哈尔德》是代表黑塞这一时期艺术成就新高度的作品，是他攀登新高峰的一个里程碑，是通向《荒原狼》《玻璃球游戏》艺术旅程中的一个驿站。因为第一次世界大战的爆发，黑塞的写作计划被打乱，他的探索被推迟了若干年。26 年之后，回顾这一时期时，黑塞这样写道："当时，通过这部小说的写作，我在手法和技巧上都达到了我本人所能达到的高度，此后，我在这方面再也没有前进一步。当时的战争不允许我再朝这方面发展，不允许我成为完美形式的大师，却使我陷入到令人困惑的问题中去，面对这种问题，纯美学的方法就再也不能坚持下去了。"

从《彼得·卡门青》出版以来，黑塞接连出版了几部很受欢迎的小说和诗集，名利双收，让他经历一些挫折，也符合上天的意图。

十一、山雨欲来

我觉得刚出版的《克诺尔普》是黑塞的最美之作：书里有一个德意志国家，是从来没有人认识到的，就连我们德国人自己也不例外。这确实值得人们喜爱。

——斯蒂芬·茨威格《致罗曼·罗兰》，1915年10月

《罗斯哈尔德》出版不久，第一次世界大战就爆发了，黑塞的生活和写作被骤然打乱，进入了一个新阶段。

在大战之前，黑塞发表了几种不同体裁的作品，计有诗集《孤独者的音乐》，小说集《路途》《美丽的青春》，系列小说《克诺尔普》。

《孤独者的音乐》选收了黑塞1911至1914年所写的诗歌，1915年春由瑞士海尔布隆一家知名度不高的出版社出版，影响超过了此前在慕尼黑出版的《在途中》。诗集出版不久，1915年5月5日，罗曼·罗兰写信给黑塞，谈到他的喜爱之情：

亲爱的赫尔曼·黑塞，您的魅力"音乐"赋予我何等的喜悦啊！您是有福之人，可惜我不会作曲。我简直抑制不住想替您的诗行谱曲的愿望。（诗人肯定不同意这么做）您的诗有一种特别的意味。您所说的一切都单纯朴素，您的话直接出自内心。您这本小书曾是我每天早晨在香佩尔森林时的亲爱伴侣。一只鸟适时来到了另一只鸟儿身边——一只鸟儿，鸣唱着渴望过去的歌。衷心感谢！您的

罗曼·罗兰。

文学巨匠的心是相通的，黑塞的诗歌激起罗曼·罗兰强烈的共鸣，他甚至想给黑塞的诗谱曲。三个月后，他来伯尔尼拜访了黑塞。五个月后他获得了诺贝尔文学奖。

无独有偶，现代主义诗歌的代表人物、英国诗人 T. S. 艾略特[①]同样十分喜爱黑塞的诗歌，他认为黑塞的诗歌具有多种音色："第一种是诗人和自己说话——或者应当说：和一个子虚乌有的人在说话。第二种声音在向听众们发出号召……第三种声音则是诗人探索着如何塑造出会说话的形象。"

而黑塞的挚友西奥多·豪斯则这样分析黑塞新诗的艺术特点："这是黑塞全新的诗集。谁能看不出它是我们当前许多目标明确的诗歌作品间令人欣慰的真正诗集呢？它截然不同于许多押韵的时事评论（人们当然有权这么写），它是诗人的贵宾，这客人不是新闻记者，而是一位艺术家。这些花朵散溢出成熟男子的微涩气息，一种顺从天命的气息，却又自自然然转入坚强有力的感情——它是诗歌自身宁静而坚定的步伐，我们在黑塞的艺术中早已熟识它们，我们乐意追随这种引导我们走向永恒的圣殿的步伐。"

总的来看，《孤独者的音乐》受德国民歌和浪漫派诗歌的影响是明显的，歌咏梦境和幻想，赞美大自然的美丽，这都是浪漫派诗歌明显的要素，难能可贵的是黑塞的运用技巧娴熟，脍炙人口，能够打动国内外的读者。我们来欣赏一下其中的《在雾中》（欧凡译），这是黑塞的代表作之一：

多么奇妙，当你雾中漫步！
触目是兀石枯树，

---

① T. S. 艾略特（1888—1965），出生于美国圣路易斯，1914 年定居伦敦，1922 年发表长诗《荒原》，成为现代主义诗歌的代表作。另有剧本《四个四重奏》，影响也很大。1948 年获诺贝尔文学奖。

树树各不相见，
每棵都同样孤独。
当我的生命犹披光华，
我的朋友遍布世界，
如今，雾幕低垂，
我一个也看不见。
你难称智者，
若你未识黑暗，
它无声地、挥之不去地
把你隔于万物的彼岸。
多么奇妙，当你雾中漫步！
生命与孤独何殊，
人人互不相识，
个个同样孤独。

《在雾中》黑塞以树喻人，以短短的一首诗写出了现代人咫尺天涯、对面不相逢的孤独感，在这样的环境里人们只好“和自己说话”，堪称诗集的点题之作。艾略特1922年发表长诗《荒原》，展现了第一次世界大战后欧洲文明的荒凉，成为现代主义诗歌的里程碑。1927年黑塞出版《荒原狼》，描述了战后欧洲人的孤独和焦虑，成为现代主义小说的名著，他们都以自己的敏感，弹奏出了最具时代特点的音调，相映生辉，相得益彰。三十多年后，他们分别在1946年、1948年获得诺贝尔文学奖。详见后文。

德国学者克里斯蒂·英默·施耐特则从体裁、师法等角度评论了《孤独者的音乐》：“黑塞的早期诗歌不仅有德国浪漫派的痕迹，也有里尔克等现代诗人的印象色彩。黑塞偏爱的诗歌形式是短的四行诗体，经常交叉、混合或者成对的押韵。他喜欢表达淳朴而具民歌气息的感情，同时又蕴含哲学思考。他的创作与某些音乐家创作弦乐四重奏时既打乱四个声部，又予以高度集中相类似。”

我们再来欣赏一首黑塞的《绽开的花枝》(欧凡译):

绽开的花枝
颠摆随风,
我童稚的心儿
上下跃动
在日子的阴晴变换里
在要和推辞的窄缝中。

直到花已谢去,
子已满枝,
直到心儿不再爱玩,
寻到了栖止,
并悟到:人生堪行乐,
莫对空花枝。

这首只有12句的短诗描写了童年、成年不同人生阶段面对花枝时的不同感悟,童年时的青春躁动,成年时的时光已逝,感悟来迟,很自然地让我们想起两句著名的唐诗:“花开堪折直须折,莫待无花空折枝。”面对大自然的美丽成果,黑塞是倡导积极享受的,而没有虚假的道德训诫。这与他自述中的观点是一以贯之的:“展示一点人性和爱,一点本能欲望和理性精神,全都是我根据自己的天性所认识到的,我完全能够担保它们的正确性、正直性和亲身经历性。”这正是黑塞作品受到青年读者青睐的原因。

因为黑塞喜欢安静,总是选择住在远离人群的地方,总有人批评他脱离现实。德国学者基尔希霍夫很为他抱不平:“黑塞并非是从现实中脱逃——他一再受到这样的指责——他是以自己的浪漫主义方法处理着时代和现实。”《绽开的花枝》就是一例。

诺贝尔奖颁奖词说:“自里尔克和乔治谢世后,他一直是当代德国的第一流诗人。他将细腻纯正的风格与流动的情感温暖熔于一炉，而且他的音乐似的表现形式在我们时代是无与伦比的。”由于诗歌的不可翻译性，译文再优秀也不能完全呈现原作的音韵美，不懂德文的读者只能心存遗憾。

《克诺尔普——克诺尔普生平的故事》是黑塞一生喜欢的代表作，是一个由三个短篇小说构成的三部曲：《早春》《回忆克诺尔普》和《终点》。克诺尔普是作品的主人公，他是一位相貌英俊、聪明过人的男子，因为少年时代女友的背叛内心受到打击，过上了以流浪为生的人生道路。他在漫游中饱览了大自然的美丽，结交了许多社会底层的朋友，因其性格活泼，聪慧多才，尤其得到众多美女的青睐，还和女友丽莎贝丝生下一个男孩，却因没有名分和自己没有固定职业而忍痛离开，导致丽莎贝丝过早去世，自己与骨肉相逢却不能相认。年才不惑却因生活不规律病入膏肓，在一个大雪纷飞的冬日气绝而逝于公路之上。这部系列小说分别选取了主人公少年、中年和临终三个横断面，季节象征性地为春夏和秋末冬初。《早春》写了克诺尔普的天真烂漫，情窦初开。《回忆克诺尔普》以克诺尔普伙伴的视角，写了他们在夏季结伴漫游的快乐，写出了成年后克诺尔普的男性美，他无坚不催的异性缘，以及他多情而不越礼，委婉地拒绝了朋友之妻暗示的高贵品格。本篇中对德国南部夏季景色有许多动人的描绘，极力渲染了漫游生活的快乐。《终点》一跃进入克诺尔普的中年，饱经风霜的游子年已不惑，病骨支离，罹患那个时代不治之症的肺病，自知来日无多，不愿再给亲友添麻烦，变相拒绝了拉丁文学校同学马霍特医生的治疗方案。兔死首丘，勉力回到故乡盖尔贝绍，再看一眼这里的一草一木、一砖一瓦，躲开亲友的视线，回顾自己寿命不长而内容丰富的一生，直到油尽灯灭，倒地而去，大雪蒙面。本篇一唱三叹，以浓墨重彩写出了主人公对家乡的深情厚谊，生命将逝，“犹徘徊而不忍去”的无限眷恋。

这个三部曲最先发表于 1914 年瑞士《新论坛》杂志，1915 年由费舍尔出版社出书。该书出版不久，就得到了斯蒂芬·茨威格的极力推崇。他在写给罗曼·罗兰的信中这样写道：“我觉得刚出版的《克诺尔普》是黑塞的最美之作:书里有一个德意志国家,是从来没有人认识到的,就连我们德国人自己也不例外。这确实值得人们喜爱。”茨威格书信所说的“德意志国家”是指黑塞通过克诺尔普的漫游旅程对19世纪末德国风土人情、四季风光的精彩描绘,系列小说简直就是德国19世纪末风俗画卷。一直到晚年,黑塞都称《克诺尔普》是“我最喜爱的小说”。对于茨威格对该书的激赏,黑塞深感欣慰。茨威格之外,该书也受到读者的青睐,第一次世界大战结束不久,该书很快再版,并一直受到世界各地读者的喜爱。

该书能够既叫好又叫座,是与黑塞精神上的巨大投入分不开的。根据黑塞的手稿,这部小书开始于1902年的盖恩霍芬,“杀青”于1909年的伯尔尼,写了两稿,费时将近十年,这在黑塞创作生涯中是很少见的。第一稿分别写于1902年、1903年、1904年,第二稿则写于1907年至1909年。第一稿与第二稿中人物的名字、结局大不相同,可见黑塞的用心之深。

该书的主人公克诺尔普的故事许多就是黑塞生平的翻版,书中的盖尔贝绍就是黑塞的故乡卡尔夫。诸如就读拉丁文学校,收集蝴蝶标本、结伴漫游、早恋失败等等,都可以看到黑塞的影子。而漫游生活中的四季景色,漫游的乐趣基本就是黑塞的所见所感。我们从黑塞写作该书同时的文章、书信中可以找到来龙去脉。他在1904年12月26日写给L.杜波伊的信中说:“我觉得,只有十分简单、像手工艺人那样坐三等车和徒步旅行,不要住旅馆,不要每天吃热饭那才有意思。”而在1910年的《旅行欲》一文中写道:“柔软、喧嚣的西风在窗前黑色的湖面上,掀着波浪,没有目的,没有目标,在热情中疯狂地折磨着自己,狂野而且贪得无厌。真正的旅行欲、知识欲和经历欲,就是这样疯狂而又贪婪的东西,任何知识都不能使之安静,任何经历都不能使之满足。”

该书的主人公克诺尔普是一个没有家庭、没有职业、漂泊到中年、无所建树、英年而逝的人。在传统的价值体系中,他是一个闲人、边缘人、无用的人。因此,该书为部分人士诟病。对于这样的批评,黑塞在1935年2月23日发表了一封公开信,表明了自己的态度:“作家描绘吸引自己的东西,而克诺尔普这个形象对我有极大的吸引力。他是'无用的',可他很少干坏事,比那些有用人坏事干得少得多,而评判那些人不是我的事。我深信,若是像克诺尔普这样有才能而且富于活力的人在他的周围世界中找不到一席存身之地,那么这个世界是和克诺尔普同样有罪的。倘若要求我向读者作一些进言,那么我要说下列几句话:去爱人们吧,包括弱小的人,包括无用的人,而不是去审判他们。"

岁月悠悠,时间过去了一个世纪,加拿大学者费尔德在《黑塞全集注释》中分析了《克诺尔普》的魅力和价值所在:"《克诺尔普》属于黑塞第一次世界大战前创作阶段的作品,这篇小说还证实作者直到战争爆发前还延续着德国浪漫派的传统。克诺尔普形象是艾兴多夫《无用人》的再生:一个善良可爱的小伙子,他并没有给世俗世界做出什么贡献,然而他最终获得了上帝的拯救之手。尽管这部薄薄的书在描写技巧上今天看来过分陈旧。但人们必须同时承认,这位克诺尔普映照出了今日'局外人'的命运,因而不允许人们继续贬低这部充满诗意之作。"在笔者看来,技巧无论新旧,打动读者才是最重要的。费尔德称该书"充满诗意"倒是搔到了痒处,不愧是黑塞的异国知音。

《终点》在《新论坛》杂志发表之后不久,第一次世界大战的炮声响了,此篇也成为黑塞战前创作的终点。

十二、在第一次世界大战期间

啊，朋友，不要这种声音！

——《朋友，不要这些声音》，1914 年 11 月 3 日

我觉得在文学上适应战争是不会成功的，我希望德国能在世界上不仅仅有武器，而首先以和平的艺术并以超国界的人道主义成为现实给人留下深刻印象。

——《致斯文·郎格》，1915 年 8 月

正当黑塞的创作在小说、诗歌齐头并进的时候，1914 年 8 月第一次世界大战爆发，“渔阳鼙鼓动地来”，惊破黑塞写作梦。

在大战到来之际，天性喜欢安静写作的黑塞当即放下手中的鹅毛笔，投入战时工作，1914 年 8 月 29 日，他在伯尔尼应征充当战争志愿人员，义务从事战俘救济工作。

战争到来时，整个欧洲交战各国到处弥漫着民族主义气氛，各国知识分子一窝蜂地投入了歌颂战争的写作，为自己的祖国鼓与呼。“举世皆浊我独清，众人皆醉我独醒。”在此重要历史关头，罗曼·罗兰、黑塞表现出了高度的智慧和巨大的勇气，在狂热的战争气氛中发出了刺耳的反战的声音。9 月 15 日，由于法国一面倒的战争狂热，罗曼·罗兰在瑞士《日内瓦日报》发表长篇反战文章《超乎混战之上》，明确提出：“即使在战争时期，如果优秀的心灵使自己的思想趋于妥协，那还是一种罪恶；

看着这思想去替一种幼稚而可怖的、狂热的种族政策服务是可耻的……精神思想即光明。我们的责任在于将它高举于暴风雨之上,驱散遮天蔽日的乌云”。“英雄所见略同”,11 月 3 日,黑塞在瑞士《新苏黎世报》发表长篇反战文章《啊,朋友,不要这种声音!》大声疾呼:“爱高于恨,理解高于对立,和平高于战争。”

一石激起千层浪!《啊,朋友,不要这种声音!》尽管写得尽量含蓄婉转,但反战的观点是明确的,在德国立即遭到了围攻,千夫所指,称黑塞是祖国的叛徒,许多朋友宣布与他绝交,发表文章批判他,只有卡尔·克劳斯、亨利希·曼、斯蒂芬·茨威格等几个人与他站在一起。正是在黑塞最孤独寂寞的时候,他得到了声望如日中天的罗曼·罗兰的友谊。那时,罗曼·罗兰因为此前《约翰·克里斯朵夫》的出版成为欧洲文坛的领军人物。1915 年 2 月,旅居瑞士的罗曼·罗兰读到了《啊,朋友,不要这种声音!》,他感到极大的喜悦,马上在日记中写道:直觉结识了“他们民族最优秀的人物”。2 月 26 日,罗曼·罗兰主动致信黑塞,对他表示感谢:

> 先生,有人把您在《新苏黎世报》上的文章给我看了。我要衷心地握住您的手。很久以来,我就想这样做了——自从我读了您的书以来……我们不能阻止国家的发狂;我甚至担心,那种疯狂可能变得更可怕;人民不能说话,他们几乎不能思想(既不许他们有时间思想,也不允许有这种可能)。我们大家,我们必须更好地站在一起,拒绝那令人厌恶的禽兽般的疯狂。我们的任务,就是为了未来保护欧洲精神更高度的统一。

8 月 21 日,罗曼·罗兰又专程到伯尔尼拜访了黑塞。尽管黑塞的法语很不熟练,他们仍然交谈了三个小时,彼此留下了极深的印象,从此成为终身挚友,友谊一直持续到 1944 年罗曼·罗兰离世。

罗曼·罗兰年长黑塞 11 岁,尽管黑塞在德国、瑞士有相当的知名度,但与罗曼·罗兰的影响相比无法望其项背,在陷于孤立之境时,罗曼·罗兰的友谊堪称雪中送炭,令黑塞感到极大的温暖。多年后回顾来路,他无限感激地说:“我不知道,如果没有他的支持和伙伴关系,我在那个年代里是否能够挺下来。”他们互相激励,互相切磋,撰写了大量的反战文章,鼓舞了追求和平的人们,被称为世人敬仰的“反战联盟”,成为欧洲文化史上的佳话。

“相识满天下,知音有几人?”黑塞与罗曼·罗兰能有这样深厚的友谊,是以他们精神维度的高度契合为基础的。虽然年龄相差11岁,分属不同的国度,但他们对欧洲文化与现状的观点是高度一致的,都看到了欧洲文化的没落,当时各自国家主流意识形态的错误——它们对欧洲和人类未来极其严重的后果。譬如对日益猖獗的民族主义、沙文主义的批判。罗曼·罗兰指出:“每个民族只承认自己的信仰是唯一正确的信仰,好像森林里的每一棵树都想傲然高出其他树木,其实在地下深处,它们的根却互相盘结交错。”(《超乎混战之上》)

黑塞在《啊,朋友,不要这种声音!》发表之后,虽然受到了围攻,仍然以“虽千万人吾往矣”的勇气坚定前行,不停地撰写反战文章。他在1915年8月致丹麦作家斯文·朗格的信中写道:“我觉得在文学上适应战争是不会成功的,我希望德国能在世界上不仅仅以武器,而首先以和平的艺术并以超国界的人道主义成为现实给人留下深刻印象。”黑塞这封信的观点传出来以后,《莱比锡最新消息》9月在一篇文章中将其公开,引发了批判黑塞的新闻浪潮,大批民族主义报刊随声附和。《科隆日报》火上浇油,集中攻击黑塞1915年9月发表在《新苏黎世报》的《又是在德国》一文中的观点:“我不能参与这种巨大的谬误,我不能颂扬那种更纯粹的生活气息,我把那种气息归功于成千上万无辜者的血和疼痛。”

战争中参与者的悲惨遭遇震动了黑塞的心灵,1915年8月他走出了书斋,加入了照顾战俘的行列,以一己之力减少他们的痛苦。在照顾战俘的工作中,他亲眼目睹战俘的精神寂寞和痛苦,亲自创办《德国战俘报》《德国战俘星期日快报》两份杂志,还建立了“德国战俘图书中心”,是一个以战俘为读者的小型出版社。自1916至1919年,共有约

50 万以上战俘受益，阅读杂志和图书。1917 年年底，当募集的资金入不敷出时，黑塞不惜变卖家产，甚至出卖自己的手稿以延续报刊、图书的出版。到 1919 年大战结束时，共出版了 25 卷小丛书，其中包括托马斯·曼、施蒂夫特、高特弗里德·凯勒和罗伯特·瓦尔泽、阿诺尔泽·茨威格等人的作品，也有实用的日历和小册子。从战时黑塞的编辑出版工作可以看到黑塞时刻关注读者精神生活的敏感，他一生写了数千篇评论文章，在世界文豪中名列前茅，是和他长期积累分不开的，即使在战争岁月，黑塞也在坚持着。

中国俗话说“祸不单行”，第一次世界大战也使黑塞的生活进入了低潮期。1916 年 3 月 8 日，黑塞的父亲病逝，引发了黑塞的精神危机。战争的血流成河，每日操劳于断腿少手的战俘，再加上父亲的离世，黑塞的精神不堪重负，罹患忧郁症。“目前我感到欲望和思想方法在枯萎，对我来说，它们曾经是可爱而又富有活力的，新事物的变化也是那样，那仍然是一种不清晰的、造成的恐惧多于快乐的东西。可怕的战争加快了这种发展。”(《回忆父亲》，1916 年)他先去看了普通医生，住进了瑞士洛桑附近的索恩马特疗养院，仍于事无补。5 月初，他只得求助于荣格的学生约瑟夫·贝恩哈德·朗格，近六个月内一共去了 60 次，终于度过了此次劫难。

在家庭生活方面，在爱因霍芬时期开始的夫妻关系不和谐，因为战争的压力，父亲的去世，妻子出现精神分裂的前兆，黑塞也罹患抑郁症，二人的关系日趋冷漠，到大战结束时只得分居，虽然到 1923 年才解除夫妻关系，后来的状态已名存实亡。

德国媒体对黑塞开始一面倒的舆论轰炸，黑塞在德国，尤其是南部德国空前孤立，只有特奥多尔·豪伊斯、康拉德·豪斯曼两个人支持黑塞。1917 年德国公使馆正式建议黑塞，要么放弃批评现实的出版物，要么放弃为战俘服务的工作，最后的处境是黑塞只能以笔名发表文章和文学作品，“埃米尔·辛克莱”的笔名就是在这样的背景下开始使用的。“无心插柳柳成荫”，数年之后，黑塞以“埃米尔·辛克莱”的笔名发表了数量可观的作品，有的还成了名著，譬如小说《德米安》等。详见后文。

心理和生理的双重危机迫使黑塞对自己的过往人生进行痛苦的反思。通过反思,黑塞终于走出了危机,使自己的人生升华到了一个新的境界。多年以后,他这样来总结这场反思:

> 我在自己身上找到了世界上一切战争和一切谋杀游戏的根源,它们具有的一切轻浮性质,一切粗俗的享受欲,一切胆小怯懦,于是我首先便需要自我尊重。而我已丧失了蔑视自我的能力,我无法可施,只能够怀着时而炽烈沸腾、时而又黯淡低落的希望眼睁睁望着这混乱的世界,渴望从那一片混乱中重新寻找到自然,重新寻找到纯洁无邪。

幸运的是他真的找到了,他的心灵得到升华,他的人生发生蜕变。

十三、第一次大战时的文学创作

从我们收集到的一切知识中，我们对今天的时代和欧洲提出了批判，欧洲绞尽脑汁制造出人类史上强大的新型武器，思想却堕入了深不见底、触目惊心的空虚。欧洲征服了整个世界，却因此丢失了灵魂。

他们那些血腥的作品只是内心的迸射，是分裂的心灵的迸射，那心灵想疯狂、杀戮、毁灭和死亡，以便能重生。

——《德米安》，1919 年

在第一次世界大战期间，黑塞虽然以大量的时间投入战俘救济，为战俘编辑书刊，后期还罹患抑郁症，他仍然没有放下手中的笔，以惊人的意志，异常的勤奋，以他最擅长的方式，一边写反战的理论文章，一边从事文学创作，留下了可观的写作成果。总结起来，在战争期间，他写下了政论著作《查斯图斯特拉的归来》，童话集《童话》，散文集《小花园》，长篇小说《德米安》，而以《德米安》影响最大。

由于出版界引进的都是黑塞的文学作品，我国读者对黑塞反战的理论文章几乎没有接触，实际上这些文章在战时发挥了巨大的作用。笔者只能就有限的资料作一介绍。

对于铺天盖地的沙文主义宣传煽动，黑塞挺身而出，旗帜鲜明地表示反对。1915 年 8 月他在致丹麦作家斯文·朗格的信中写道：

我觉得在文学上适应战争是不会成功的，我希望德国能在世界上不仅仅以武器而首先以和平的艺术，并以使超国界的人道主义成为现实给人留下深刻印象。

他1915年10月发表在《新苏黎世报》的《又是在德国》一文中写道：

我不能参与这种巨大的谬误，我不能颂扬那种更纯粹的气息，我把那种气息归功于成千上万无辜者的血和疼痛。

黑塞的直言激怒了民粹主义者和媒体，《科隆日报》发表社论，指称黑塞是“祖国叛徒”，许多报纸特别是南德意志报纸竞相转载，黑塞陷于被围攻的境遇，持续影响了黑塞形象几十年。

从少年时代起，尼采就是黑塞的偶像之一，尼采精神上的反对传统、不守常规一直是黑塞的精神动力的来源。《查斯图斯特拉如是说》是尼采的代表作，对德国青年有巨大的影响，在其他国家影响也很大。《查斯图斯特拉的归来》写于战争即将结束之时，黑塞忧心于德国青年巨大的精神压力，用三天三夜的时间一气呵成，写出了这本小书。它仿照《查斯图斯特拉如是说》的文体，论述了读者特别是德国青年最关心的八个问题：论命运；关于孤独感；斯巴达克斯；祖国和敌人；改善世界；论德国人；你们和你们的人民；告别。黑塞以高度的智慧，及时解答了德国青年人的困惑，给他们提出自己的建议。从八个题目就可以看出，黑塞的才能是多方面的，他永远站在时代的前列，高屋建瓴地论述时代所面临的问题，那些把黑塞当作隐士的人实在是“一叶障目，不见泰山”。譬如在第一章“论命运”中，黑塞呼吁青年们独立思考，听从自己内心的呼唤，不要被外界的宣传、流行的舆论左右自己，“谁的命运由自己内在来主宰，并把它据为己有，他便战胜命运，把自己造就成为了上帝……多想想时代吧，正直、诚实是何等美好的事物！”这与当时流行的民族主义、沙文主义的宣传形成了多大的反差！该书在战争结束后于1919年出版，受到了青年读者的欢迎，被年轻一代的评论家称为“黑塞的政治遗嘱”，写出第一部黑塞传记的霍戈·巴尔则称它是“那一年代最光荣的政治文学”，这对那些把黑塞当隐士的人无疑是最好的反驳。

1919年是黑塞作品集中出版的一个年头，童话集《童话》由费舍尔出版社出版，共收入童话七篇，其中最著名的是《伊莉丝》，又译《鸢尾花》，在中国流传很广。此后1946年、1955年又增加篇目两次再版。

1919年黑塞还出版了一本很有特色的小书《小花园》，这是维也纳塔尔出版社策划的一套著名反战作家的文学丛书，其他的作家尚有罗曼·罗兰、巴比赛、茨威格等人，在1921年出齐。书中收入的都是微型散文，也有几篇短篇小说，共有18篇。其中比较重要的有写于1916年父亲逝世不久的《忆父亲》，在这篇文章中，黑塞写出了“父亲精神”对自己的重要影响，也就是如何处理“爱国”与“做人”关系：“我很愿意是爱国者，但首先是‘人’，倘若两者不可得兼，那么我永远选择‘人’。”在文中，黑塞如实地写下了自己当时的巨大困惑：“我对于自己所爱的世界并没有丧失信心，我只是对它感到陌生，如同我已故的父亲所感到的一样。”在烽火连天的大战中，他的父亲是在满怀困惑和无奈中离开人世的。

在1919年出版的所有作品中，《德米安——埃米尔·辛克莱的彷徨少年时》无疑是最重要的一部，这是一部长篇小说，亦译《德米昂》，有的译本意译为《梦系青春》。作品写于1917年6月至7月，背景是第一次世界大战前夕。以笔名埃米尔·辛克莱署名出版。“德米安”是作品中的一个人物，是主人公辛克莱的朋友。作品从辛克莱的童年写起，经小学、中学，到大战爆发参军而死。德米安是辛克莱的同学，他是一个颇有神秘感的人物，自幼聪慧过人，是个英俊少年。经常在辛克莱困惑时出现，给他启示和勇气。德米安的母亲艾娃夫人是个女神兼先知一样的人物，风华绝代，睿智非凡，能够解答任何精神问题，可直到全书结尾时才出现，为人们指出了前进的方向，辛克莱却因被炮弹炸中，全书戛然而止。

全书的情节展开由辛克莱的视角进行，作者的署名也是辛克莱，黑塞藏在幕后秘而不宣，瞒过了几乎所有的专业人士，前三版发行了16000册，到1920年才被奥托·弗拉克发现作者是黑塞。因为书稿是黑塞1917年秋寄给费舍尔的，寄稿时黑塞在信中说，作者是一位瑞士青年，已经病入膏肓，希望费舍尔能够尽快出书。该书出版后风靡一时，人们都在猜测作者是谁，连托马斯·曼写信问费舍尔，费舍尔也是照黑塞信中所说的那样回答。1921年该书获得冯塔纳文学奖，在颁奖时才最后知道这是黑塞的大幽默！

细读该书我们会发现这是一部寓言式的小说，主要的人物有四个，主角辛克莱，辛克莱的同学德米安，辛克莱最早的精神导师音乐家皮斯托里乌斯，辛克莱与德米安共同的精神导师、德米安的母亲艾娃夫人。故事自始至终由辛克莱的视角展开，在他出现困惑时德米安就会出现，给予他启示，德米安的精神资源实际来自自己的母亲，或者遇到皮斯托里乌斯，为他解惑。在第一次世界大战来临之时，辛克莱、德米安都陷于迷茫，辛克莱终于见到了像佛教中观音菩萨一样睿智美丽的艾娃夫人，随后被炮弹炸中，离开人世。

小说没有贯穿全书的故事，译成中文只有不足10万字，却通过生活中寻常的细节揭示人生的真谛，箴言的意味极浓。我们摘引数则，以见一斑：

我所渴求的，无非是将心中脱颖欲出的本性付诸生活。为什么如此艰难呢？

在世上，最让人畏惧的恰恰是通向自己的道路。

望着德米安的脸，我不仅知道那不是男孩而是男人的脸，我还看到了更多，我惘然觉得，那似乎也不是男人的脸。那脸上仿佛有女性的内容，尤其在某一瞬，我发现那张脸既不属于男人，也不属于儿童，既无沧桑也无稚子之态，仿佛已有千年之久，是永恒的，打着其他时代的烙印。

命运和性情是一种概念的两个名字。

多番经验证明，德米安当年在坚信礼课堂上对我说的话丝毫不假。意志足够强烈时，人便能成功。

惟独有一点我做不到，放弃我心中深藏的目标，转而去规划自己的人生。就像其他人那样，他们清楚知道自己要成为教授、法官、医生或艺术家，也知道自己的路要走多久，会有哪些好处，我却做不到。

我们的灵魂中包容了所有人类灵魂的生命。一切存在过的神和魔——不管是希腊人、中国人还是祖卢人的神与魔——都同在我们心中，作为可能性，作为愿望，作为出路，它们都是存在的。

我们的上帝叫阿布拉克萨斯，他是上帝，也是撒旦，他既有光明的一面，也有黑暗的一面。

觉醒的人只有一项义务，找到自我，固守自我，沿着自己的路向前走，不管它通向哪里。

欧洲绞尽脑汁制造出人类史上强大的新型武器，思想上却堕入了深不见底、触目惊心的空虚。欧洲征服了整个世界，却因此丧失了灵魂。

他们那些血腥的作品只是内心的迸射，是分裂的心灵的迸射，那心灵想疯狂、杀戮、毁灭和死亡，以便能重生。

在上述段落中，有的是人物的言论，有的是作者的叙述，从不同的角度表现出黑塞思想在当时的超前,对当时欧洲主流思想的批判。他的思想包括对个性自由的推崇,对欧洲社会传统的异议,对异质文化的重视,其中特别提到了中国文化和祖鲁文化。特别表现黑塞反潮流精神的是他旗帜鲜明地反对战争,对那些发动战争的人,以及追随他们歌颂战争的文人进行了勇敢的批判!

因为《德米安》巨大的思想含量,它涉及的问题都是读者面临的问题,所以甫一问世,便一石激起千层浪,引起社会各界高度关注,尤其受到青年读者的欢迎,在两年里重印 16 次。与此前出版的黑塞作品都不同的是,它既叫好又叫座,受到了读者和欧洲文学界两方面的欢迎。德国作家的领军人物托马斯·曼说:"这是一部以它极为精确的描写击中时代神经的作品。整整一代青年深信,一位代言人起自他们生命深处,他们满怀感激而且如痴如醉地被他吸引。"他把《德米安》的影响与歌德《少年维特之烦恼》相提并论,可见其推崇之极!

对于《德米安》成功的原因,不同时期的作家、评论家有过不同角度的分析,可以说各有所得。阿尔弗雷德·德布林说:"他把原始的不道德摆到光天化日之下"。心理分析学家 C. G. 荣格说这本书是自己"暴风雨之夜的灯塔之光"。比黑塞晚一辈的马丁·瓦塞尔说:"作者写作时完全只考虑自己的事,而当他从坐垫上抬起身子时,却证实自己坐在垫子上写下的东西涉及了世上的一切。"德国当代女作家卡林·斯特洛克说:"《德米安》是一种加强自我的文学,每一次阅读都是一次精神提高的潜修,可以用'蜕皮'一词来形容,德米安的任务是引导青年度过自身蜕皮的斗争。"

黑塞自己对《德米安》的解释重心则放在对人的个性的高度重视,这是黑塞毕生追求的目标,包括了后来的代表作,诸如《悉达多》《纳尔齐斯与歌尔德蒙》《荒原狼》,一直到《玻璃球游戏》,一以贯之,直到终老。由于《德米安》受到不同年代青年读者的关注,黑塞一直在不停地进行解释。为了把话说得详尽一些,1929 年底他给一位女读者写了一封很长的信,本书只引用其中比较重要的两段:

《德米安》所写的完全是一种青年的使命和需要。当然,它们并不随着青年时代的终止而终止,但是毕竟与青年最有关系。这就是争取个性化,争取成为人的斗争。

……

我们的时代使那些较善思索的青年活得特别艰难。到处全都在努力谋求把人搞得千人一面,尽可能地限制他们的个性。对此,我们的心灵有理由作出抵制,德米安的体验由此而生。——对每个人来说,接受体验的形式各个不同,但是它们所蕴含的意义则永远完全一样。谁认真对待,谁就能战胜,谁若是强者,他就会从一个辛克莱变成一个德米安。

一言以蔽之,《德米安》抓住了青年人最关心的问题——自我实现,因而受到不同时代、不同民族青年的喜欢。据《中华读书报》2018 年 10 月 31 日报道,德国之声电台根据作家、翻译家、出版商和歌德学院多方面的意见,推出了“1900 年以来最重要的一百部德语小说”,该书单自 1901 年选至 2016 年,每位作家只选一种,1919 年是黑塞的《德米安》。经过整整一个世纪的时间考验,《德米安》表现出旺盛的艺术活力。

迫于舆论的压力,《德米安》1921 年第 17 次重印时改署本名,黑塞内心却很不情愿。对于为什么《德米安》用笔名发表,黑塞也谈了自己的想法:“我很乐意给自己的每一部新作品用一个新笔名,因为我已经不是黑塞,而是辛克莱、克林梭尔、克莱恩或者其他人。”“批评者有权利竭尽其能地解剖分析作者,他们也有权利把作者视为神圣而重要的东西解释为愚蠢无聊,并且诱导公众予以议论,但他们的权利也就到此为止。但是某些秘密却是他们的批评所不能达到的,因为作者一如既往地保留着自己那份静静的权利,即唯有他本人才知道的那些小小的、受保护的秘密。……如今我汲取教训变得聪明了,将来如果在我的生活中再发生需要保留神圣秘密的情况,那么我会找另一条更妥善、更保险的道路而让秘密掩藏在阴影里。”让黑塞深为得意的是,既是文坛大家又是老朋友的托马斯·曼、克罗迪等人没有感觉到这是黑塞的作品,而一部分细心的读者却在第一页就认出了作者,因此黑塞在写作时一直对读者心存敬意,因为他知道读者的眼睛是雪亮的。

第一次世界大战结束了,黑塞终于迎来了战争的结束,度过了他多难而多产的战争岁月。

十四、独居卢加诺

我在这儿倍感孤独，这孤独让我享受，也令我痛苦，我写了许多文学作品，也画了许多画，应当说它们给了我慰藉的肥皂泡。我和这儿的一切如此紧密相连，少年时代过去之后，我和外界的关系还从未如此紧密。为了向这幢房子表示感谢，我常常画它，赞美它，我尝试以各种方式回报它以自己的本色所赠予我的。

——《在堤契诺重生》，1931 年

1919 年 4 月，黑塞结束了战时的战俘关怀工作，开始考虑下一步的工作和生活。

这时，夫人米娅已到了精神病的边缘，曾经到几个精神病院接受治疗，正常的家庭生活已无可能。他决定和妻子、儿子分开生活，分别安排孩子和妻子。根据妻子的现状，他先把米娅送进精神病院。这时，黑塞身无分文，陷入物质和精神的双重低谷。

患难见真情。这时，他的朋友们挺身而出，分担了黑塞的生活重担。库诺·阿米埃特收养了黑塞的长子布鲁诺，成为教师兼养父多年，让黑塞和布鲁诺感激不尽。另外，将次子海纳尔、老三马丁送进寄宿学校。

妻子和儿子离开后，单身的黑塞住在伯尔尼那套别墅中已不合时宜，于是开始寻找下一个栖居之处。他的目的地是德国与瑞士边界的卢加诺，因为这里山清水秀，远离城市。他一向是个爱静的人。他先在索伦哥待了几个星期，到处选房。可能艺术家的眼光独到，最后，画家朋友卡尔·霍费尔推荐的蒙塔诺拉村的卡萨卡木齐别墅被黑塞选中，租用了其中四间一套的房子，于 1919 年 5 月入住其中。

中国人说“无官一身轻”，对于此时的黑塞来说是“无家一身轻”。“我已经不再是拥有房子、孩子、佣人的房主人，不再是一家之主了，没有狗可叫，没有花园可修整。我成了个一无所有的小文人，一个衣衫褴褛形迹可疑的外来者，靠牛奶、米饭和面条维生，破旧的西装穿到破烂为止，秋天从树林里捡来一些栗子就当晚餐。”（《迁居杂忆》）

生活虽然极其简单，但黑塞终于获得了精神的自由、内心的安静，可以读书，可以从事他最热爱的文学创作了。“我必须弥补很多耽误了的事情，现在我有意把自己 15 年来投入的那些为市民和家庭生活的失败尝试中去的全部力量和全部感情转向我的、本来完全属于我自己的其他任务，就是说我要同时经常地咬紧牙关，这里有许多毫无用处的倒退和乡愁。”（1919 年 10 月 20 日致海伦娜·威尔蒂的信）

在这里，黑塞有了进行写作的时间。

在这里，黑塞有了进行写作的环境：周围风景优美，房子很漂亮。他自己说：“在某些方面是我拥有或居住过的房子中最漂亮最奇妙的一所……正门前一条俨似王侯家的华贵阶梯直通底下的花园，花园由许多梯田式的园地组成，由阶梯、斜坡和围墙连接起来，一直延伸到底下的峡谷。园里有各式各样的南方古木，它们盘根错节，身上爬满紫萝，甚为壮观。对于村子而言，这座房子几乎是隐藏起来、看不见的。从山谷底下看上来，它台阶形的山墙和许多小尖塔从宁静的林脊露出，看上去像是艾兴多夫小说中浪漫气息浓厚的乡间宫殿。”（《迁居杂忆》）从这段文字可以看出黑塞对这座房子的喜爱之情，他在这座房子一住就是 12 年，要不是后来结识了第二任妻子露特·温格尔，有可能居住更长的时间。

有了适当的条件，黑塞很快进入了写作状态，文思泉涌，佳作迭出。

1920 年，出版了配画诗文集《漫游》、评论集《窥探混沌》、小说集《克林索尔的最后一个夏天》。

《漫游》的主要内容是黑塞的漫游生活。黑塞从青年时代起就向交往的画家朋友学习绘画，并颇多心得。到了天然画境的卢加诺，更激发了他的创作欲望，这一时期，他的文学和绘画创作交替进行，画出了不少水彩风景画。在朋友们的鼓动下，1920 年 1 月 11 日，黑塞画展在瑞士巴塞尔艺术馆开幕，31 日结束。展品中有 20 幅是准备出售的，但只卖出了 1 幅。画展没有引起太多的关注，意外收获是与罗曼·罗兰重逢，劫后重逢，他们为彼此度过劫难而庆幸。画展虽然不算成功，但并不影响黑塞对绘画的兴趣，他把自己近年有关漫游的诗文编成《漫游》一书，共有诗 10 首、散文 13 篇、配画 14 幅。14 幅画中，水彩 10 幅，素描 4 幅。从黑塞的画作看，他的画色彩鲜艳，线条简洁，最大的特点是“见景不见人”，画面静谧、单纯，是成年人画的儿童画，是黑塞童心的艺术体现，与当时欧洲画坛的风尚大异其趣，这可能是画展不太引人关注的原因之一。

对于《漫游》，黑塞自己说：“《漫游》纯粹是一首塔辛山区自然风光的赞歌。”他记录黑塞游历中的所见所感，举凡山光水色、春花秋月、喜怒哀乐，率性写来，不事雕琢。《漫游》出版后，在德国反响一般，在其他国家，特别是在日本引起巨大反响。日本琦玉大学教授渡边俊雄指出：“黑塞天性中的孤独感，他对幻想世界的喜爱，符合日本人的天性情感。黑塞的人生短暂性和流动性与日本文学传统性格特征具有相同特点。作品里的梦想和浪漫主义符合日本人的生活感情。”黑塞的其他作品也在日本有众多的读者，一直受到日本读者异乎寻常的喜爱。

在写作轻松的散文和诗歌的同时，黑塞开始又一次的对个人命运和人类前途的反思。他后来回忆说：“战争结束了，……我完完全全沉浸在内省和对一己命运的思考之中，虽然我常常感到，我的问题归根结底还是整个人类命运的问题。”他反思的成果有的是理论思考，有的是文学作品。《窥探混沌》就是理论思考的成果之一。

《窥探混沌》，亦译《洞察混沌》，收录了黑塞三篇论文。前两篇均为研究俄国作家陀思妥耶夫斯基的，第一篇为《卡拉马佐夫斯基兄弟或欧洲的下沉——阅读陀思妥耶夫斯基随想》。读者从题目即可看出，通过第一次世界大战，黑塞对欧洲的前途充满忧虑，为了拯救欧洲，必须到异质文化中去寻找出路。文章正文之前，黑塞引用了这样几句话：“无物在外,无物在内,因在外者也即在内。”这几句玄学色彩浓郁的话出自诺斯提教教义,让人们思考人在宇宙中的位置。这一问题黑塞已经反复思索,他在 1919 年 7 月 26 日致爱丽丝·劳特霍尔德的信中就说过:“许多年来我深信欧洲精神已处于衰落状态,需要重返它的亚洲源头。”学者认为,黑塞的文章应该受到了奥斯瓦尔德·斯宾格勒《西方的没落》的影响。《西方的没落》第一卷出版于 1918 年,轰动一时,对黑塞有影响自属正常,但二人结论却不尽相同,以黑塞的性格,他一贯是独立思考的。这一现象的出现,说明欧洲的有识之士都意识到这一问题的严重性。对于论文题目中的“下沉”一词,黑塞在 1919 年 12 月 14 日致哥斯塔夫·加姆佩尔的信中这样解释:“我为什么要用下沉一词呢,在我眼中它也就完全是新生。‘欧洲的下沉’对我而言是一种发展过程,是我的亲身体验,人们也许可以同古典时期的‘下沉’相比较:并没有突如其来的崩溃,而是人们灵魂中一种缓慢的、日益增长的转变。”这是东西方古已有之的辩证法思想,与周易中“阳极阴生,阴极阳生”相通,道家把这种思想形象地表达为阴阳鱼的太极图。这是日后黑塞核心思想“双极”思想最初的发轫。后文会不断谈到,请予留意。

第二篇文章题为《读陀思妥耶夫斯基〈白痴〉随想》。《白痴》是陀思妥耶夫斯基的长篇小说代表作,书中的主人公梅斯金是世俗人们眼中的白痴,患有癫痫病。他聪明过人,对事物有自己独特的观点。黑塞分析道:“令人奇怪的是,我们阅读陀思妥耶夫斯基书中这些罪犯、精神病患者和白痴的面貌时,与阅读其他受我们喜爱的小说中罪犯或蠢汉面貌时的感觉全然不同,我们有不可名状的恐惧感,我们对他们的爱十分特别,我们不得不认为,我们在自己身上发现了一些东西,与他们身上具有之物同宗同源,十分类似。”这种情形与鲁迅《阿 Q 正传》发表后在中国的情形极为类似。

第三篇文章为《关于新调子的对话》,这里的“新调子”是指对传统的反叛,传统就是“对国家、秩序以及一切因袭下来的事物唯唯诺诺”,他的新调子是这样的:“把自己作为‘人’来认识,……只有当他不反对人类,而是自愿循着人性轨迹而前行时,他才能找到最大的满足,也同时找到他自己。”这篇文章的取名也与他大战开始时的名文《啊，朋友，不要这种声音》有关，那篇文章给读者的印象太深了。黑塞在文章中提到的“新调子”，后来被学者概括为“向内之路”，由此发端，后来逐步深化，成为黑塞的核心思想之一。

英国诗人 T. S. 艾略特在 1922 年 5 月读了《窥探混沌》，大为欣赏，当即写信给黑塞：“我看了您的文章《窥探混沌》，我很欣赏。我在其中发现了一种尚未进入英国的辩论的严肃性，我很乐意为它们引起更广泛的注意做点什么。”随后，他在 5 月下旬拜访了黑塞，建议他出版英文版，黑塞听从了艾略特的建议，英文版更名为《通向内心之路》。也是在这一年，艾略特出版了长诗《荒原》，成为现代主义诗歌的里程碑，“它以悲观的视角展示了战后欧洲的荒凉”（尼尔·格兰特《文学的历史》）。《荒原》虽然题献给庞德，但同时也受到了黑塞的影响。黑塞的《荒原狼》出版虽然晚于《荒原》，但在“荒原”的意象上他们“心有戚戚焉”。在《荒原》第五段注释中，艾略特引用了黑塞的话：“半个欧洲，最少半个东欧正处在通向混沌的路上，在神圣的疯狂中醉醺醺地沿着深渊向前驶去，像德米特里·卡拉马佐夫那样，同时醉醺醺地、狂热地唱着歌。市民侮辱地嘲笑唱者，圣人和先知则含着眼泪听着。”将近一个世纪过去了，不管你的意识形态立场如何，世人不能不佩服黑塞的睿智。

《克林梭尔的最后一个夏天》收入两个中篇、一个短篇，是黑塞战后第一部小说作品，1920 年由费舍尔出版社出版。第一篇为《克莱因和瓦格纳》，写作于 1919 年 6 至 7 月，秋天发表于《新德国民族性》杂志。书名取自第二篇篇名。第一篇描写的是人到中年的银行职员克莱因因内心骚动自杀的故事。从表面看来，克莱因奉公守法，文质彬彬，得到公众的好评、家庭成员的尊敬。而在内心深处，他厌恶家庭生活，讨厌妻子，烦躁不安。他在报纸上读到一条一个叫瓦格纳的教师杀死妻子儿女后自杀的新闻，打破了他内心的平衡，他伪造支票，骗取巨款，用瓦格纳的假名申请了护照，开始出国旅行。在意大利小城结识了漂亮的舞女特莱希娜，得到了男欢女爱。欢爱之后，杀人的欲望仍不可遏制，于是他选择自杀，告别了这个世界，由此彻底解脱。“克莱因”在德语里是“小人物”

之意，以这样一个人物形象描写了第一次世界大战战后初期人们面临混乱时的感觉，是这一时期欧洲社会情绪的记录。这篇小说明显受到弗洛伊德心理分析学说的影响。书中关于梦境的描写更明显可以与心理分析学说相印证。在小说的结尾部分，黑塞写道："人们可以称上帝的路通向和平，也可以说通向战争，人们可以赞颂它，也可以诅咒它。然而，对上帝而言，人们是否爱他或恨他，是在他这儿寻找宁静与睡眠，还是寻找狂舞与飞奔，每个人都可以寻找，每个人都可以找到。"他强调个人的努力，要实现自我，必须靠自己！他在回复读者卡尔赛里希的信中写道："我们也是较少畏惧自己内心的幻想，它们总是让我们记起和梦到犯罪和兽行，那么我们就会较少陷入危险，陷入事实上和现实的恶之深渊。"他的这一观点与中国儒家提倡的"慎独"是相通的。

《克林梭尔的最后一个夏天》是战后黑塞的第一个中篇小说，是他中篇代表作之一。克林梭尔，亦译克灵格索尔。小说写的是画家克林梭尔生平最后一个夏天的故事，写了他对大自然夏季晨昏阴晴的细腻观察，他对笔墨色彩的感悟，尤其是对人生意义的感悟，是作者本人大战以来思考的形象化。诸如对西方文化的失望、对欧洲前途的忧虑，对东方文化尤其是中国文化的向往，对庄子、李白、杜甫的景仰等，均在作品中有所表达。在"下沉之歌"一节，黑塞借主人公之口说："在我们古老的欧洲，凡是我们引以自豪和完全属于我们自己的东西，都已经死亡。我们美丽的理性已经变成癫狂，我们的金钱只是废纸，我们的机械仅仅起射击和爆炸作用，我们的艺术全是自杀。"中国文化的影响最显而易见的是，男主角喜欢饮酒，自称李太白，把自己的好友称为杜甫，而且原文引用了李白的《将进酒》："君不见，高堂明镜悲白发，朝如青丝暮成雪。"《月下独酌》"举杯邀明月。"遗憾的是，有的译者照德语原文直译，搞得中国读者一头雾水。

在作品中，几乎如实记录了作者这一时期的个人生活和情绪变化。作品中的环境描写就是对卢加诺生活的记录，移居卡萨卡木齐别墅以后，虽然时而感到孤独，但美丽安静的环境促进了黑塞的写作，战争和精神疾病曾经使黑塞害怕失去写作能力，这是他作为作家最为恐惧的事情。文思泉涌的写作使黑塞重拾信心，满怀喜悦，因而对这里心怀感恩，他以作家和画家的两种工具记录了他的感恩之情。“我在这儿倍感孤独，这孤独让我享受，也令我痛苦，我写了许多文学作品，也画了许多画，应当说它们给了我慰藉的肥皂泡。我和这儿的一切如此紧密相连，少年时代过去之后，我和外界的关系还从未如此紧密。为了向这幢房子表示感谢，我常常画它，赞美它，我尝试以各种方式回报它以自己的本色所赠予我的。”我们来欣赏一下黑塞的感受：

> 到了午夜，克林梭尔夜游回到家之后，就站在他的工作室狭长的石头阳台上。他下面古老的露台花园在下沉，深不可测，令人感到头晕，那是在深暗阴影中的浓密树冠，有椰子树、雪松、栗子树、山毛榉树、桉树，它们的树干上爬满了藤萝、紫藤和各种藤本植物。在那些树影婆娑的黑暗上面，闪烁着夏木兰树苍白的大叶子，叶子中间有巨大的、雪白的花朵，半闭半合，有人头一般大，苍白得像月亮和象牙，一股浓重的含有柠檬气味的香气从那些花朵里飘上来，令人感到振奋。

读了这一段，我们就可以理解这一时期黑塞为什么佳作迭出。

除此之外，黑塞还遇到了后来成为他第二任夫人的佳人——露特·温格尔，让他心旌摇动，不自觉地被吸引。“克林梭尔默默地看着一个形体，一个漂亮的姑娘，红色的头巾包裹着黑色的头发。她那安详而又机警地看着陌生人的目光和他的目光相遇了，他们俩——那位男子和那位姑娘相对而视，望了许久，完全投入而且严肃，一瞬间两个陌生的世界走到了一起。”

两个人互相吸引的结果，瓜熟蒂落，很自然地走进了婚姻的殿堂。

十五、第二次婚姻和《席特哈尔塔》问世

我觉得女友两年来不抱希望地忠于婚姻，这是我的过失，也是她家庭的过失，不存在别的动力，因为婚姻一点都不是我所渴望的，对此我是有才能的，但是，生活和命运在这里比我的想法和愿望更强有力。

——《致海伦娜·威尔蒂》，1923 年 7 月

露特·温格尔出身于上流社会，她的父亲台欧·温格尔是钢铁厂厂长，母亲是一位女作家。露特·温格尔是一位歌唱家，天生丽质，性格活泼。黑塞最先认识的是露特·温格尔的父亲，黑塞的为人和才气让台欧·温格尔大为折服，而女儿露特·温格尔已长大成人，待字闺中，1919 年 7 月，台欧介绍女儿与黑塞认识，并有意让女儿与黑塞多交往，加快互相了解。相识之后，黑塞渊博的知识，睿智的谈吐，尤其是他对音乐的理解和感悟能力让露特·温格尔非常仰慕。黑塞自幼受母亲的遗传，一直喜爱音乐，他对音乐的非凡感悟能力在《盖特露德》一书中已经让读者领教过，他与露特·温格尔很自然有共同语言，一来二去，感情不断升温。1921 年至 1922 年，露特·温格尔陪同黑塞参加多次旅行演讲和作品朗诵活动。露特·温格尔不仅精通音乐，对绘画也很有天赋，与黑塞不谋而合，两人联合举办了一次画展。事情发展到这一步，结婚自然提上了议事日程。

经过近三年的时间，他和露特·温格尔的相处非常融洽。对于再

婚，黑塞表现出很慎重的态度。经过台欧的一再催促，黑塞于 1923 年 6 月与玛丽娅·贝诺利离婚。1924 年 1 月 11 日，黑塞与露特·温格尔举行了婚礼。

结婚之后，二人度过了一段甜蜜浪漫的家庭生活，他们携手度假或远游，有时还带上露特·温格尔的父母、她的姐姐爱娃，留下了多幅照片，他们的脸上满是温馨快乐的笑容。

也是在 1924 年，黑塞经过慎重考虑，选择成为瑞士公民。他在致瑞士议会的信中这样解释入籍瑞士的原因："第一，我现在比以前更清楚地看到我在瑞士长大的儿子完全在这里扎了根，并且看不到任何可考虑去德国的关系；第二，虽然我只是迫不得已，但在战争期间和大战之后初期，我不能不某种程度是临阵脱逃似的离开那个有亲缘关系的国家。"黑塞作出这样的抉择，首先考虑的是孩子的适应性，他在瑞士度过了少年时期，对瑞士原本感情很深；其次，战争爆发初期德国人对他的批判和攻击实在让他伤透了心。

重组家庭前后，黑塞的创作很勤奋。在和露特·温格尔热恋的 1921 年，黑塞写了一篇童话《皮克多变形记》，叙述一位中年画家与美少女的爱情故事，实际上中年画家就是他，美少女就是露特·温格尔。文中洋溢着满满的快乐，是黑塞此期心境的形象记录。为了记录他和露特·温格尔的爱情故事，黑塞亲手抄写文稿，自己画插图，自己装订，于 1922 年 9 月出版了单行本，成为别具一格的纪念。

也是在 1922 年，中篇小说《席特哈尔塔》由费舍尔出版社出版。这是黑塞的又一篇中篇代表作。作品以佛祖释迦牟尼早年经历为原型，有译者把它译为《悉达多》，让中国读者如堕五里雾中。细读小说，其中提到主人公出生于释迦牟尼成佛之后，所以书题以《席特哈尔塔》为宜。这个中篇是黑塞研究东方文化特别是佛教的一个重要成果。

这个中篇的创作与出版见证了黑塞与露特·温格尔由恋爱走向婚姻。它开笔于 1919 年 5 月，第一部题献给罗曼·罗兰，先行发表于瑞士《新周报》1921 年 7 月号。接着，黑塞战争时期罹患的心理疾病日趋严重，不得不中断创作一年半之久，接受 C. G. 荣格的心理治疗，1921 年 2

至7月,他们在屈斯纳赫特进行了多次谈话,持续了约半年的时间。在治疗过程中,年轻美丽的露特·温格尔给黑塞带来温暖的友谊,又由友谊发展成甜蜜的爱情,帮助黑塞战胜了病魔,他们也收获了爱情的果实。在此期间,他因拜访表弟、日本研究学者威廉·龚德尔特得到启发,找到作品结尾的思路,顺利完成了写作,因此他把第二部献给了表弟。

《席特哈尔塔:一首印度诗》描写印度青年席特哈尔塔一生的觉悟过程。主人公出身印度第一等级婆罗门家庭,家境优裕,有闲有钱,但他感觉精神空虚,经过他的争取,与好友戈文达结伴开始了苦行沙门生活。在遇到活佛加泰玛后,戈文达为其折服,衷心服膺其学说,留下追随加泰玛。席特哈尔塔继续漫游,不得要领,重返世俗生活,迷恋高级妓女卡玛拉,与其同居生子。结识富商卡马斯瓦密,驰骋商海,成为富豪,在享受美色和财富两方面达到巅峰。而后再次陷于无聊之境,舍弃娇妻爱子、万贯家财,再次开始流浪探索,直到与开始苦行时的船夫华苏德瓦重逢,服膺于他的朴实无华又睿智过人,追随老人开始渡人自渡的生涯。

在作品中,黑塞以文学的形式,认真探索个体人生和人类的最高价值何在,通过主人公的人生历程给予回答。

对于自己不够熟悉的印度,黑塞没有过多风俗民情细节描写,而是着重探索人类和人生的真谛,尤其是他独有会心的“双极性”主题,表现出他作为作家的睿智。

他轻轻读出“唵”,他曾在默诵这个圣字中入睡,如今他觉得自己那整个过去的年代不过是一次悠长深沉的“唵”的念诵,一次“唵”的思索,一次深入沉思和彻底到达“唵”的境界,到达无可名状的完善境界。

戈文达,我找到了一种思想,你一定又会说它是笑话或者是愚蠢,而它却是我最好的思想。它就是:每一种真理其对立面应同样真实!——其实时间并不是一个真实的东西,戈文达,我对此已有过多次经验。如果时间确是非真实的,那么,看来存在于自然世界和永恒之间、痛苦和幸福之间、善与恶之间的差距,似乎也只是一种错觉了。

这个智慧归根结底无非就是一种灵魂形成的准备，一种能力，一种神秘的艺术；它能够在生活中的每一瞬间进行和谐统一，也能够吸入这种和谐统一。

在作品中，黑塞借主人公之口表达了自己的思想探索历程，阴阳对立，互相转化，统一和谐，《玻璃球游戏》的主题在这里已初见端倪。

《席特哈尔塔》是黑塞唯一直接描写东方的小说，也是20世纪德国文学中最有影响的作品。它被翻译成世界上所有重要的语言，还被译成12种印度方言，总共印刷了500万册以上。美国作家亨利·米勒这样谈到这部小说对他的影响："倘若把席特哈尔塔写成土耳其人、芬兰人或者匈牙利人，我也同样会读通和理解的，因为作家创造了一个佛，这是一件闻所未闻的壮举，尤其是出自一个德国人之手。《席特哈尔塔》对于我是一剂远胜《新约全书》的治病良方。——自从上过《道德经》这一课后，再也没有任何课程给予我如此丰富的意义了。"①

这部中篇是黑塞思考东西方文化的最重要的成果之一，小说出版后，他还多次谈到它。

"这部小说……是一个出身于基督教家庭并受过基督教教育的男人的自白，他很早就离开了教会并致力于理解别的宗教，特别是印度的和中国的信仰形式。我试图阐明，对所有的宗教和所有人类的虔诚形式来说什么东西是共同的，什么东西高踞于所有民族的不同点之上，什么东西能够被每一个种族和每一个个人信仰和尊敬。"（1958年致《席特哈尔塔》的波斯读者）

细读作品内容，我们可以看出，小说虽然借用了印度的形式，思想核心却是老子的阴阳学说。"赫拉克勒斯的道路我也很熟悉，很长时间以来，我一直在创作一些与此类似的东西，它们裹着一层印度的外衣，缘起

① 《〈席特哈尔特〉研究资料》第二卷，1974年，德国法兰克福，苏尔坎普出版社。

于梵和佛陀，而终止于‘道’。”（1922 年 2 月致菲利克斯 · 布劳恩）半年之后，他再次明确指出：“《席特哈尔塔》的结尾与其说是受了印度的影响，倒不如说具有道家哲学的色彩。”（1922 年 8 月致海蕾娜 · 威尔蒂）

读者们会发现，随着时间的推移，中国文化对他的影响越来越大，越来越深。

随着时间的推移，露特 · 温格尔的父亲开始催促他们应该办理结婚事宜，他认为未婚同居有损于女儿和家族的名誉。第一次婚姻的失败给黑塞带来心理的压力，他表现出犹豫不决，他认为好作家不一定能成为好丈夫，他对自己没有信心。他比较倾向于松散的同居关系，为此自 1921 年就与未来的岳父几次通信商讨。因为黑塞真心喜欢露特 · 温格尔，他在 1923 年 6 月与原配玛丽娅 · 贝诺利办理了离婚手续，准备与露特 · 温格尔结婚。12 月 28 日，黑塞写信给准岳父，坦露了自己的心声：“我不情愿地结了婚，带着无穷的忧虑，尽管我很爱自己的新娘，但我这样做不是发自内心的，也不是主动的，而是以此完成自己的命运。”于此可以看出欧洲人与我们的巨大差异，到了此时还在说这样的话。

黑塞与露特 · 温格尔相识于 1919 年 7 月，历经五年相恋而结婚，从此度过了四年的婚姻生活。结婚的前两年，夫妇二人相偕出行，参加各地的黑塞作品朗诵会，热烈而甜蜜，露特 · 温格尔优雅的气质，甜美的面容，曼妙的身段，给人到中年的黑塞带来巨大的幸福，充沛的创造热情。1924 年由费舍尔出版的散文集《疗养客》中就记录了他们的行踪和快乐。1925 年同样由费舍尔出版社出版的散文集《图画集》，1927 年出版的《纽伦堡之旅》《荒原狼》都是这一时期的收获。由于作品的影响日广，1925 年费舍尔出版社开始出版《黑塞文集》单行本。1926 年黑塞当选为普鲁士艺术学院院士，他的文学成就得到更广泛的认可。

几乎与他们相识同时开始的黑塞的绘画也进步很快，引起了朋友们的关注和喜欢。黑塞的绘画最多的是水彩画、粉笔画，内容多为风景和静物，很像儿童画，笔者把它们概括为“见物不见人”，这应该是黑塞童心的折射。1924 年 6 月，结婚还不到半年，黑塞写信给格奥尔格 · 莱因哈特，说到绘画对自己的意义：“在艺术上，时间根本不重要，在工业上正好相反，那里没有失去的时间，只要可能的东西最后达到强烈和完美就行了。作为诗人，没有绘画我也许走不了那么远。”

随着时间的推移，他们的婚姻逐渐暴露出了不和谐。露特·温格尔出身上流社会家庭，娇生惯养长大，开始是崇拜黑塞的名气，新婚的热度下降之后，对于黑塞拮据的经济条件，尤其蒙塔诺拉寒冷的冬季，露特·温格尔很不适应，让她深感失望。结婚之后，作为妻子的露特·温格尔也几乎没有照料黑塞的生活，分居两地是他们的常态。为了迁就怕冷的露特·温格尔，1923 年、1924 年冬季，他们都花钱住在瑞士巴塞尔的克拉夫特旅馆里。为了写作，他让妻子住旅馆，自己到罗特林根大街的公寓里写作。由于理念的深刻矛盾，黑塞的退让于事无补。1926 年底，在黑塞毫不知情的情况下，露特·温格尔向巴塞尔州立民事法院提起离婚诉讼，使猝不及防的黑塞精神上遭受重击。1927 年 4 月 26 日，法院判决二人离婚，判决书中有这样的语句：“（被告）倾向于过一种隐居的生活，不能按照别人的意志行事，仇恨社交和旅行。——相反，女原告人年轻，热爱社会和社交以及热烈的家庭生活。”

从 1924 年到 1927 年，他们的婚姻果然没有逃过“七年之痒”，但以这样的结局劳燕分飞，确实让黑塞很伤心。

十六、《荒原狼》的写作和问世

我的作品中，《荒原狼》最常受到误解，受的误解也最严重，而产生误解的常是那些对作者有好感、喜欢它的读者，不是那些持排斥态度的人。另一部分原因，只有部分原因，是因为这本小说的作者当时50岁，写的是这一年来的问题，而这本书常落在年轻人手里。

——瑞士版《荒原狼》后记，1941年

1927年，是黑塞的重要年份。这一年，他50岁，发生了几件大事。

4月26日，巴塞尔州立民事法院判决他和第二任妻子露特·温格尔离婚。

6月，在他50岁生日即将到来之际，费舍尔出版社给他送来两份生日礼物，他的长篇小说《荒原狼》和胡戈·巴尔的《黑塞传》同时问世，这是“福无双至今日至”了，大约是上帝对他第二次婚姻破裂的补偿。

《荒原狼》开笔于他和露特·温格尔关系甜蜜的1923年。这本长篇的完成，得益于苏黎世商人弗里茨·劳伊特霍尔德的鼎力相助。他们相识于1911年的印度之行，他们夫妇衷心钦佩黑塞的才华，建立了深厚的友谊。当他们得知黑塞在蒙塔诺拉的冬季很难熬时，慨然出手，提出从1925年冬季开始，每年冬季在苏黎世无偿提供写作用房。地点在苏黎世山岑格拉本31号，一直到1932年，因“黑塞屋”建成而中止。他们结缘于印度，再次验证了佛教所说的善因善果，中国人说的天佑善人。

1932 年 4 月 17 日,黑塞在写给他们夫妇的信中写道:“我在苏黎世的七年中经历的重大事件和我在蒙塔诺拉经历的同样多,也做了很多工作;自 1925 年以来,我所写的全部作品一半以上都是在苏黎世的冬天里产生的。如果我在冬天没有得到这个工作室和避风港,那么这些年我也许不能这样坚持下来。现在,我能怀着感激的心情回忆那几年。”

《荒原狼》自 1923 年在蒙塔诺拉动笔,1923 年、1924 年冬季都在巴塞尔克拉夫特旅馆写作。在得到劳伊特霍尔特夫妇资助后,每年冬季改为在苏黎世山岑格拉本 31 号写作。从照片看,这是一栋四层的临水别墅,环境优美怡人,很自然地促进了写作的进行。就在小说即将完成时,露特·温格尔 1926 年底突然提起离婚诉讼,使黑塞精神上遭受重创,使作品中的阴郁气氛更加浓郁,作品中主人公的酗酒、吵架实际就是他们夫妇关系的纪实描写。在露特·温格尔提出离婚后,黑塞咬牙坚持写作,经过六个星期昼夜奋斗,终于在 1927 年 1 月下旬完成初稿。

1 月 26 日,在《柏林日报》发表了小说片断《在一家小酒店的夜晚时刻》。

初稿完成后,黑塞身心俱疲,心理几近崩溃,只得再次求助于弗洛伊德的弟子荣格。2 月 28 日,在为他治疗的 A. A. 荣格心理学俱乐部朗诵了作品片断。

5 月,瑞士《新论坛》5 月号发表小说中的《论〈荒原狼〉》部分。本月,与露特·温格尔办妥离婚手续。

6 月,苦尽甘来,双喜临门。6 月 27 日,黑塞写信给威廉·史泰姆夫利:“我觉得迄今为止带给我生日的最好的东西是这本杰作,即胡戈·巴尔在费舍尔出版社出版的关于我的书——在我一生中,这本书真正是我第一次从批评家的读物里学着看自己和解释自己。”

7 月 2 日,是 50 岁生日,黑塞和几位友人在蒙塔诺拉家中聚会,低调地度过了生日。其中就有妮侬·多尔宾,后来成为黑塞第三任妻子,她是一位考古学家、艺术史学者。而在公众社会上,媒体对黑塞的态度各有不同:“民族主义的报纸默不作声。资产阶级的报纸靠招摇撞骗达到目的,客气但平淡无味。而社会主义的报纸让我觉察到相当的一致,说我是一个资产阶级的作家,将来只会被他们嘲笑。”(1927 年 7 月 25 日)除了几位知心朋友,黑塞在人们的眼里是“舅舅不亲,姥姥不爱”,好在黑塞已经习惯了。

与对作者的态度不同,《荒原狼》得到读者和作家、学者的高度评价。

7 月 2 日,表现主义诗人库尔图·品图斯在柏林《八点晚报》发表评论:“我读了《荒原狼》,这是一部一切自白性读物中最无情、精神最错乱的书,比卢梭的最残酷的庆祝生日的《自白书》——那是任何一位诗人亲自为自己举行的庄严仪式——更阴郁,更疯狂……是一部真正德国的书,伟大,深刻,正直,展示灵魂;一部具有浪漫主义技巧、浪漫主义混乱分析的发展小说,像大多数德国小说,也像赫尔曼·黑塞的大部分著作。”同一天的《柏林交易所快报》发表作家奥斯卡洛·埃尔克的文章:“他不做道德说教,而是在清理,他不是清理邻居和敌人,而是清理自己本身——通过清理自己来清理邻居和敌人。”后者的评论让我们想起中国作家鲁迅的自白:“我的确时时无情地解剖别人,但我更多的是更无情地解剖自己。”有担当的作家都是勇于解剖、清理自己的。

胡戈·巴尔在《黑塞传》中从神经官能症、神秘主义的角度深入分析了《荒原狼》成功之处和艺术特色,他认为这是作品“作为一种艺术天赋的独一无二、确实无疑的征象”。“某个人处于日益强大的残忍现实中,似乎越来越不可能既是完全实施自己职责的艺术家,同时还是合格的社会人。人们也早就不认为下列情况乃是偶然现象,也即是像尼采、斯特林堡、梵高、陀思妥耶夫斯基这样的思想家,多多少少程度不同地具有神经官能症病状。”胡戈·巴尔独具慧眼,他的分析得到黑塞的认可。可惜的是天妒英才,胡戈·巴尔在著作出版不久之后就英年早逝,年仅 41 岁。库尔特·图柯尔斯基在以《德国人》为题的文章中,从民族性的角度高度评价了《荒原狼》:由于“一个德国民族的错误,由于巨大的灵魂骚动,其结果是不再能够表现得像其他民族那样。我能够区别出一个不信仰神秘主义的美国人和一个信仰神秘主义的德国人之间的区别,美国人会声称萨柯和万泽蒂案件让他们受辱,而德国人则是不太感情外露地忍受这一审判。”[1]他指出：黑塞塑造的荒原狼哈勒尔虽然“无力建造人间天堂，但是至少起着阻止流血罪行的作用，建立着已被摧毁的正当感情，他不用蜂蜜面包去喂养自己的人民，而是提倡鼓起勇气，讲述真理”。

《荒原狼》在友人中的反响也让黑塞很开心。1925 年至 1926 年冬春之际，读了瑞士《新论坛》发表小说主角荒原狼写作的诗歌，斯蒂芬·茨威格就激动地给黑塞写信，敏锐地指出：“我懂得，您如何——太长久、太温顺了——同魔鬼打着交道，我懂得，您如何鲜血迸流地撕扯自己细薄而苍白的外皮，以便感受自己血肉的鲜红和炽热。”

黑塞的挚友托马斯·曼对《荒原狼》问世极为欣喜，备予推崇，他在 1948 年为美国版《德米安》作序时这样写道：“《荒原狼》作为一部长篇小说在大胆实验方面难道逊色于《尤利西斯》和《伪币制造者》吗？”

《荒原狼》之所以能打动读者和同行，是因为黑塞下了苦功，还糅进了第二次婚姻失败的痛苦感受，成为中年时期人生思考集大成之作。

为了写好小说中的化装舞会细节，人到中年的黑塞放下身段学习狐步舞和波士顿华尔兹，并结识舞女朱莉亚·劳比－霍内格，惊为天人，并迷恋一段时间。他把这段经历写进了文章《无所事事的日子》：“人们在生活中所做的一切，或者在大多数情况下都是为了女人的缘故。如果说我在自己的大部分时间里很辛苦工作并且虚构出一个个体系，为的是抵制女人，那么我现在做的恰恰相反，为的是换个口味。如果我青年时期致力于智慧，那么现在我就努力也做一次毛头小子。”（1926 年）学习跳舞是黑塞自己安排的补课，而露特·温格尔不期而至的离婚则对他描写哈勒尔的精神错乱、焦躁提供了机遇，婚姻失败促进了创作成功，只是这代价未免昂贵了些。

让学者们感到神奇的是《荒原狼》问世近一个世纪以来，一直受到

---

① 萨柯－万泽蒂案件：1920 年 4 月 15 日，意大利移民工人尼克拉·萨柯和巴特洛缪·万泽蒂在美国马萨诸塞州一次抢劫案中杀死工厂出纳员和保镖，陪审团 1921 年 7 月 14 日裁定有罪。社会党人提出抗议，指责陪审团定罪是因为二人信奉无政府主义。1927 年 4 月 9 日，二人被判处死刑，引起世界各地抗议，23 日二人被处死。

世界各地不同年龄的读者欢迎。更有意思的是，每一次大的动乱或战争之后就会掀起一波黑塞热。1963 年，美国医生梯莫西·里莱发现："寻求自己世界的嬉皮士们感到黑塞的作品紧紧抓住了自己。"(《幻觉经历的大师》)美国学者经过统计，人们"纷纷从事黑塞研究，博士论文数字早已超过百位数，有关专著、文集以及报刊上发表的文章之多无法统计。……还没有任何一个现代德国人、任何一个现代欧洲人，以文学家的身份获得如此的接受盛况。"(翁塞尔特《赫尔曼·黑塞的影响》)里莱还因为受到黑塞《荒原狼》和《席特哈尔塔》的启发，创立了 L. S. D. 医疗课程——Life，Struture，Death，即生命、构造、死亡的单词缩写，把各大宗教的思想和医学融合起来治疗心理疾患。里莱还把这两部小说作为教材推荐给教师和学生，取得了很好的效果，几年就讲授 3000 余次。中国著名学者钱钟书在 20 世纪 50 年代就非常注意这一现象，并写进了《谈艺录》："当时英美俚语谓：服某种麻醉药(LSD)为参'立地禅'(instan Zen)。"20 世纪 50 年代末，美国出现了以"荒原狼"为名的披头士乐队，为美国的"黑塞热"推波助澜。到 1975 年，黑塞作品在美国热卖 800 万册，在世界上被译成 49 种语言。

学者们研究后发现，《荒原狼》从形式到内容都进行了极为大胆的实验。它以一个作者自己的《出版者序》开篇，里面插入了长篇论文《论荒原狼——为狂人而作》，哈勒尔的故事，魔剧院的怕。这是典型的奏鸣曲三乐章结构，和作品中反复提到的莫扎特正好融为一体。它看似突兀杂乱，实则颇具匠心。

细读《荒原狼》，我们可以发现在作品中，黑塞借哈勒尔之口发表了许多惊世骇俗的言论：

> 我认为，每个国家，甚至每个人，在政治"责任问题"上都不应该浑浑噩噩地沉醉在编造的谎言中，他们都必须在自己身上检查一下，他们犯了什么错误，延误了什么时机，保留了哪些陈规陋习，从而也对战争的爆发和世界上的其他不幸事件负有一定责任。这也许是能避免下一次战争的唯一道路。……我的同胞中有三分之二

的人阅读这类报纸,每天早晨和每天晚上听到的都是这种调子,他们每天被灌输,被提醒,被煽动,被搅得不满和发火,这一切的目的和结局就是爆发下一场战争,而下一场战争也许比上一次战争更可怕。

时间过去了将近一个世纪,黑塞借哈勒尔之口对第二次世界大战的预言,对纳粹的愚民宣传的批判,对美国和苏联形式不同实质相同的批判,让我们不能不叹服他的高瞻远瞩,目光如炬!此时,笔者想起了纪德对黑塞的钦佩:“黑塞具有一种较隐蔽的嘲讽才能,是正统严肃的德国人少有的,考虑问题从宇宙整体出发,包括事物的互相转换。”(法文版《东方之旅》序言)

在黑塞的作品中,《荒原狼》是流传最广的作品,在中国尤其如此,“荒原狼”已成为一种类型的人的符号。他与艾略特 1922 年发表的长诗《荒原》,一同反映了第一次世界大战后欧洲人特别是青年人的迷茫、焦虑、绝望的社会情绪,是应运而生的文学作品。它们与 19 世纪末挪威画家蒙克的绘画《呐喊》,虽然发表的时间先后不同,在精神维度上却是高度一致的,它们受到不同地域的读者喜爱不是偶然的。

十七、黑塞的文学研究和评论

真正的评论家有两种特征：第一，他的文字优美生动，他深谙自己的语言，不会滥用语言；第二，他从不压制他的主观性，不压制他个人的特点，而是尽可能地表达出来，使读者可以像使用尺子那样使用这主观性，却不必同意评论家的主观标准和他的偏好，读者可以从评论家的反映中读出被评作品的客观价值。

如果想让人文科学有所进展，人们就得下决心以人文科学自己的方法和系统进行研究。

——《关于文学与批评的札记》，1930 年

黑塞是一个全才型文人，很像中国古代的苏东坡，在文艺的主要门类中，都有一定的造诣。在文学方面，小说、诗歌、散文、文学评论都有不俗的成就。在艺术上，绘画方面，自己办过个展，与露特·温格尔办过联展。音乐上，他虽不作曲，在音乐欣赏方面天赋过人，《盖特露德》中有多处展示。他与露特·温格尔的结合，与他音乐方面的修养大有关系。本章主要谈他的文学评论。

《荒原狼》出版之后，黑塞在 1928 年 4 月出版了诗集《危机》，收入他 1925 年至 1926 年的诗歌 45 首，内容是记录与露特·温格尔的感情变化，书名就是一种暗示。由于"纯属个人私事"，黑塞只让费舍尔出版社编号印刷了 1000 册。作品部分曾刊发于瑞士《新论坛》杂志，而且得到了托马斯·曼、斯蒂芬·茨威格等大家的欣赏，黑塞仍坚持不要扩散。

此后，再也没有重印过，以此与这段痛苦的记忆诀别。

1928 年 8 月，黑塞出版散文集《沉思录》，内收 1904 年至 1927 年间各体散文 35 篇，第一次世界大战期间的政论性文字 12 篇，以《悼胡戈·巴尔》来殿后，题词为“纪念我的朋友胡戈·巴尔”，以此郑重纪念英年早逝的知音。

1929 年 1 月，又一本诗集《夜的慰藉》出版，收录 1911 年至 1927 年的诗歌作品。这本诗集中最后的几首已隐约透露《玻璃球游戏》主人公克乃西特的个性特征，这是值得注意的，详见后文。

我们可以看到，《荒原狼》出版之后的两年，由于身心俱疲，黑塞一直处于治疗和调整的状态，几本集子都是旧作的汇集，添加部分新作，创作处于停滞状态。从 1927 年秋开始，妮侬·多尔宾看到黑塞孤独多病，便慷慨地以女友的身份陪伴照料黑塞，在黑塞因眼部疼痛做手术时一直不离左右。1929 年，经过两年的治疗和疗养，黑塞慢慢找回了状态，写下了长文《世界文库》（亦译《世界文学的图书馆》），由德国莱比锡“雷克拉姆丛书”出版，是黑塞研究世界文学的代表作。

这本小书译成中文约 3 万字，虽然不厚，却是中年黑塞阅读体会的积淀之作，对世界文学特别是对德语文学有许多独到见解和会心之处。他自谓“是一次非常私人的自白，写下了我五十七年生涯里满溢于心的阅读体验和阅读经历”。

该书开门见山，首先阐释教育和阅读的终极目标，反对带有功利目的的教育和阅读：

> 真正的教育是不寻求任何目标的教育，如同任何寻求完美的努力，其意义就在努力本身。……而是为了开阔我们的心胸，提高我们的悟性，丰富我们的生活内容，以及增加获得幸福的可能性。
>
> 达到这种真正教育的最重要途径之一，就是学习研究世界文学，研读世界文学会让我们逐渐熟识、亲近许多民族历史上的诗人和思想家用其著作遗留下来的巨大珍贵财富——思想、经验、象征、梦幻和理想。……这种阅读归根结底属于了解生命总体的意义，而

并非仅仅服务于实用的需要。

一个世纪之前，黑塞在书中提出的见解透辟地指出了教育的本质，许多教育部门的领导人却没有领会，在当代中国，许多院校还在极力提倡所谓“成功学”，岂不悲哉！

对于阅读的选择，黑塞提倡从每个人的天性出发，而不是看书本身是否出名。读书不是为了消闲，而是为了提高自己的精神修养，让生活更有意义：

> 每一个人都应该从适合自己的自然天性的地方开始阅读、认知以及享受喜悦。……读书并非让我们打发无目的无意义的生活，用表面的慰藉来麻醉自己，恰恰相反，阅读会帮助我们永远不断提升我们的生活，永远不断赋予生活以更丰富的意义。

在有限的篇幅中，黑塞回顾了自己的阅读历程。从古希腊的圣哲到东方的老子、孔子、佛陀、奥义书，欧洲从古到今的名著，文史哲，天地人，应有尽有，可见黑塞阅读的广泛，在那个时代的欧洲罕有其匹，因而才能思人所未及思，言人所未能言。他的目光是覆盖全球的，是通向未来的。托马斯·曼是当时欧洲文坛的领军人物，他这样评价黑塞的读书生活：“以《世界文库》为实例，说明黑塞正是一个毕生以忘我精神博览群书的例子，同时他的精神故乡又特殊地归属于东方智慧的庙堂，与‘人类精神思想的最古老、最神圣的见证’（黑塞语）有着高度人道主义的亲密关系。……他的使用编辑和出版工作都是服务，都是选材、修订、审核、重新介绍、评论和阐释——足够了，所有这些有教育意义的工作足够丰富人类生活了。这里体现着一种满溢的爱（也是满溢的创造力），是在个人的、绝对个人的创作之外的一种积极的业余爱好，作者要在同时代同类人的条件下探索‘我’与世界关系之多层次性和沉重负荷性。”（1947年美国版《德米安》前言）

在这篇涵盖极广的文章中，黑塞对中国古代圣贤给予格外的重视，他提到的不仅有老子、孔子,还有孟子、庄子、吕不韦,中国诗歌、中国民间童话也注意到了。他把卫礼贤翻译的中国经典出版称为“目前德国精神生活当中最重要的事件之一”①,把老子、孔子的时代称为“人类文化最高贵和最灿烂的全盛时期之一”。他谈到《论语》对于自己的震撼:“对于我来说,里面的一切听起来既陌生又真实,如此充满了预感,如此符合预期,如此精彩美妙。”一直到1955年,黑塞还为《理夏德·威廉:中国与欧洲之间的精神中介》撰写书评,再次推崇卫礼贤的巨大贡献:“他是一位先驱和楷模,一个和谐的人,一个综合了东方和西方、收集和行动的人。他没有逃避任何一个欧洲的问题,没有回避任何一个现实的呼唤,既没有屈服于思想的也没有屈服于美学的清静无为主义,他在心中一步一步地完成了两种伟大而又古老理想的结交与融合,使中国与欧洲、阳与阴、思与行、效果与观照在心里走向和解。”这段对卫礼贤的评价,也可以借用来评价黑塞的精神历程。卫礼贤因为对中国文化的服膺和热爱,被欧洲人称为“德意志中国人”,黑塞何尝不是如此呢?正是沿着卫礼贤开创的道路,黑塞继续探索前行,直到写出《玻璃球游戏》,找到了自己的精神家园,并以文学的形式呈现于学界和读者,从此安顿了心灵。此后,黑塞年事日高,再也没有长篇作品问世。

1929年莱比锡“雷克拉姆丛书”出了第一版后,1957年再版,黑塞撰写了后记。瑞士苏黎世出版社1946年再版,德国斯图加特出版社1949年再版,可见该书的影响是持续的。

据德国学者弗克尔·米夏尔斯研究,《世界文库》之外,黑塞一生撰写的评论文章超过了3000篇,在全世界的作家中也是罕见的。1975年米夏尔斯选出十分之一,编成《一本由杂文、书评文字组成的文学史,赫尔曼·黑塞著》一书,将《世界文库》置于开篇,统领全书,该文的重要性不言而喻。需要指出的是,这里的“杂文”是广义的,指不同文体的文

---

① 卫礼贤(1873—1930)亦译尉礼贤,本名理夏德·威廉,出生于斯图加特,德国传教士、汉学家、翻译家。曾在青岛传教二十多年,为自己取名卫礼贤,创办礼贤书院。先后将《论语》《道德经》《列子》《孟子》《大学》《吕氏春秋》《礼记》《周易》译为德文。1924年回国,任教于法兰克福大学,开创了该校的汉学专业。

章，如序言、后记、书信、日记等等，而不是讽刺性的杂文。后来这本书成为《黑塞全集》第十二卷。

在这些林林总总的文章中，除了对自己具体作品的解释、回忆外，黑塞以灵动的文字，对文学史、艺术史的各种题材、体裁的名著进行了独有会心的评论和分析，吉光片羽，时见灵光闪烁，对于学者和读者很有参考价值。笔者就是受益者之一。

在众多文章中，黑塞关于自己文学理念的夫子自道，是学者和读者应该牢记的，这对于理解黑塞其人和他的作品是至关重要的：

> 我所写的散文体作品几乎全是我的心灵传记。所有这些作品都没有故事，没有错综复杂、扣人心弦的情节，它们基本是独白，在这个独白中，一个独一无二的人与世界、与自己的关系受到关注。人们称这种作品为小说，事实上它们不是小说，就像它们的伟大典范、我青少年时期奉为神圣的作品并非小说一样，譬如诺瓦利斯的《亨利希·冯·奥弗特丁根》或荷尔德林的《希坡里昂》。（1954 年书信）

> 我但愿所有迥然不同的形体和色彩在我们这个可爱的地球上万寿无疆。存在着这么多的种族、民族、语言、众多而又不同的态度和见解，这是多么绝妙的事情！如果说我对战争、征服、兼并怀有仇恨和不可调和的敌意的话，那也是因为有许多理由，但也是因为人类文明的如此众多的有机长成的、极端独具特色的、完全迥异的成就已成了这些黑暗力量的牺牲品。（1946 年诺贝尔文学奖答词）

> 我写作的首要的也是最紧迫的问题从来不是国家、社会或教会，而是个体精神，人的品格个性，独一无二、不能模仿、未被标准化的个体。（1951 年书信）

对于文学艺术的各个方面，黑塞都有自己的独特见解。对于读者，黑塞进行了系统的思考，他把读者分成了三个层次：第一层是单纯的读者，被动地接受、欣赏作者的意图；第二层是有一定分析能力的读者，“这类读者已经能够知道研究文学的教授们和文学批评家们通常完全不了解的东西——类似于自由选择素材和形式一样的东西根本就不存在”；第三层读者能够创造性地阅读，“他既不想受到教育，也不希望消遣娱乐，他使用一部书籍无非是把它当作世界上的一件物品，对于他来说，书籍仅仅是出发点和灵感。”黑塞认为读者在不同的情况下会在三个层次之间不断变化。可见他对读者研究之深。（《关于读书》）

对于作品和作者，黑塞也有自己的独到之见：

> 我们最喜欢的作品总是那些既让我们感觉到了人性的提升又获得了审美满足的作品。而理想的作者也就是那种在最大限度上既展现才华又表现个性的作家。

这就是我们现在常说的思想性与艺术性兼备、风格鲜明的作家，黑塞能够以这样言简意赅的文字说明白，更可见他的功底之深。

黑塞关于文学艺术的精彩见解还有许多，笔者只好就此打住。与黑塞同时代的德国作家图柯尔斯基这样推崇黑塞的文学评论：“黑塞的评论性文字在德国目前并无人可与之相比拟。人们能够从黑塞的每一篇书评里都学到一些东西，甚至获益良多。”以笔者的体会，图柯尔斯基的话一点都没有夸张。可惜的是，比起黑塞的小说、诗歌、散文，黑塞的评论性文字译成中文的未免太少了。

十八、《纳尔齐斯与歌尔德蒙》的写作和问世

除了荒原狼，善良的歌尔德蒙是让我受到最多责备和辱骂的书籍。它是在德国进入战士和英雄时期前不久出版的，而它却极端缺乏英雄和战士气概。

——《经历安嘉定》，1953 年

我在这部书里表现的是我自童年起就怀有的德国理念和德国本质，并向它们承认了我的爱——恰恰因为我憎恨今天的一切特别“德国的”东西。

——《致米娅·恩格尔》，时间不详

旧人去，新人来。与露特·温格尔的离婚，促成了妮侬·多尔宾走近黑塞。1927 年 7 月 2 日在黑塞 50 岁生日宴会上，妮侬看到黑塞的身心状态都很糟糕，从此开始照料、陪伴他。

妮侬·多尔宾，父姓奥斯莱德尔，出生于 1895 年，比黑塞小 18 岁，艺术史学者。她是黑塞的粉丝，因为喜欢黑塞的作品，14 岁时开始与黑塞通信。1919 年与漫画家贝内迪克特·弗雷德·多尔宾结婚，后因感情不睦而分居。1927 年 3 月才第一次与黑塞见面。因为有多年通信的沟通，黑塞 50 岁生日后便开始以女友的身份出手相助。

在露特·温格尔提起离婚诉讼后，1927 年 4 月底，为了减轻心灵的痛苦，黑塞开始写作《纳尔齐斯与歌尔德蒙》。最初的书题为《歌尔德蒙

走向慈母之路》。1929年至1930年在瑞士《新论坛》杂志连载时题目为《友谊的故事》。1930年7月由费舍尔出版社出版,定名为《纳尔齐斯与歌尔德蒙》。1932年英国、美国分别出版英译本,改名《死神与爱人》,1959年又恢复原书名。

《纳尔齐斯与歌尔德蒙》叙述的故事发生在14世纪,但不是历史小说,只是借用一个中世纪修道院为背景来叙述故事,完成人物形象的塑造。故事塑造了两个性格互补的修道士。歌尔德蒙热情活泼,丰神俊朗;纳尔齐斯性格安静,长于思索。二人均聪明过人,因对方的优点而成为好友。纳尔齐斯因学业优异而升任教师,歌尔德蒙因耽于尘世享受离开修道院。歌尔德蒙在全国漫游,结识不同阶层的美女,享尽人间春色,行踪不定,还练就一手非凡的雕塑技艺。人到老年,却因和总督情妇的艳事锒铛入狱。此时,纳尔齐斯已任修道院长,出面保释他回修道院从事圣像雕塑工作。老友重逢,今非昔比,感慨良多。歌尔德蒙身上焕发的热情让纳尔齐斯濒于干涸的心灵得到爱和美的润泽,活力重现;纳尔齐斯的启示让歌尔德蒙浪子回头,皈依正道,找到精神家园。在告别人世之前,歌尔德蒙终于完成一座那个时代堪称巅峰的圣母像。

《纳尔齐斯与歌尔德蒙》问世后被称为黑塞最有成就的作品,自1930年出版到黑塞离世的1962年,印刷达20万册,在那个年代是罕见的。对于该书的成就所在,托马斯·曼这样说:"这部小说以其淳朴性和趣味性显示出一种绝对别具一格的长篇小说艺术,它以最吸引人的方式描写了一种精神上的自相矛盾。"(1948年英文版《德米安》前言)

卡林·斯特洛克是德国当代女作家,她从母亲和死亡的角度进行切入,谈道:"死亡和母亲是感知世界的钥匙,是爱的钥匙;死亡是母亲,同时母亲是死亡。黑塞和母亲形象的强烈关系使我大感震惊。……纳尔齐斯与歌尔德蒙不是两个人物,而是一双相对极,是同一个人物。"斯特洛克还现身说法,谈到参加L. S. D. 活动[1]对促进黑塞作品理解的体验:

---

① 即Life,Struture,Death,即生命、构造、死亡的单词缩写,这种治疗把各大宗教的思想和医学融合起来治疗心理疾患。

“我当时就觉得自己对作品的领悟比从前有了改进：感受到、品尝到、嗅闻到、观看到这一受到如此众多诽谤的内在世界包容着何等巨大的财富，而这一巨大财富又如何扩展到外在世界，扩展到不同事物。倘若某个人有朝一日能够得到自由释放。……我认为黑塞著作是我们不可缺少的书籍。”文学作品可以治疗精神疾患，中国古代称为药石之言，有益于世道人心，这是对作家最高规格的评价。

《纳尔齐斯与歌尔德蒙》之所以能够取得如此感人的艺术效果，是和黑塞高超的叙事艺术分不开的，他以极富灵性的文字，进行了细腻的描写和刻画，让读者一见难忘：

> 两人的气质尽管迥然不同，但仍相互学到了许多东西。在他们之间，除了理性语言之外，还渐渐形成了一种心灵语言和符号语言……慢慢地，充斥着歌尔德蒙心灵的想象力便循着一些神秘的路径，潜入了他朋友的思想和语言中。

> 像你这一类的人，天生有强烈而敏锐的感官，天生该成为灵感充沛的人，成为幻想家、诗人和爱慕者……充实的生活，甜蜜的果汁，爱情的乐园，艺术的美丽国土，统统都属于你们。你们的故乡是大地，我们的故乡是思维。

> 他发现歌尔德蒙从一些神秘的源泉获得了力量，这些力量对他本身是陌生的；他可能促进过这种力量的增长，但他自己却没法获得它们。

> 他不只在短时间内学到了许多爱的方式和艺术，从他众多的情人们身上吸收了经验。他还学会用视觉、感觉、触觉、嗅觉辨识形形色色的妇女。他练就一双好耳朵，往往一听某些妇女的声音，便准确无误地猜测出这些妇女爱的方式和能力。

他简直不理解为什么他突然领悟到这样一件事:痛苦与欢乐原来是相似的,好像一对同胞姐妹。

不用思索,仅仅凭着各种比喻,他便感觉到:艺术是父性世界和母性世界的结合体,是精神和血肉的结合体;它可以从最感性的事物出发引向最抽象的玄理,也可以始于纯粹的思维世界,止于血肉之躯。

最杰出的艺术品与梦境之间的共同点也就是:神秘。

它之所以成功,是因为包含着我的整个青春,我的流浪生活,我对许许多多女性的追求和爱。这一切乃是我吸取甘霖必不可少的源泉。

这个内心充满矛盾和痛苦的艺术家,他所创造的形象乃是无数的今人和来人的苦难与追求的象征,无数的今人将怀着虔诚和敬畏、恐惧与渴慕仰望着它们,从它们身上汲取安慰、信心和力量。

在经济萧条、社会动荡的年代,沙文主义思潮泛滥,希特勒和他的纳粹同伙煽动民粹情绪,黑塞却浓墨重彩极力塑造了两个以艺术为追求、以思考为快乐的人物形象,与社会主流意识形态大异其趣。该书出版后,在得到同行和多数读者欢迎的同时,一部分沙文主义者则起而抵制。来自家乡的一个希特勒的追随者写信给黑塞说,作品表现了一个老年男人的好色。一个女人写信说,她曾经很喜欢《彼得·卡门青德》和《罗斯哈尔德》,作为几个儿子的母亲,她永远不允许儿子们阅读《纳尔齐斯与歌尔德蒙》。

在此社会背景下,德国的大部分知识分子再次表现出软弱和昏聩,充当德国政府的喉舌,为沙文主义情绪推波助澜,黑塞耻于与他们为伍,在1930年宣布退出普鲁士艺术学院,辞去院士称号,连“精神兄长”托马斯·曼出面挽留都没有起作用,可见其态度之决绝。

黑塞与托马斯·曼相识于1904年的巴塞尔，他们同时与S.费舍尔见面，由相识到相知，惺惺相惜，成为知音。1955年，晚年黑塞这样回顾与托马斯·曼的交往：“我觉得，在我与人邂逅相逢的圈子里没有第二个人的伙伴友谊这么深，这么持久，也没有这么忠实，这么富有成果……在他讽刺与精湛技巧后面，处于心灵、忠诚、责任和爱的能力旁边的，是几十年来德国广大读者的完全不理解，那些读者将在远远超出外面混乱时代之外兴高采烈地获得他的著作和纪念品。”（致卡嘉·曼）他们的友谊是德国文学史上的佳话，让我们想起李白和杜甫，苏东坡和黄庭坚。

十九、“黑塞屋”的落成和第三次婚姻

这座房子是按照我们的设想建造的，它坐落在蒙塔诺拉一个山头上的小树林边，此外还有一块地，地上有葡萄园、草地和一个三角形的小树林。

——《致路易·莫里哀》，1930 年 7 月

您询问我的女友，很早就生活在我身边。对一种真正的共生，我已不再有足够的弹性，尽管如此，我也还是很感谢她。

——《致安东·诺德》，1928 年

黑塞从少年时代立志献身文学以来，一直全副身心从事文学创作，虽然其社会影响越来越大，但经济上一直囊中羞涩，生活条件一直不理想。譬如每到冬季，因蒙塔诺拉非常寒冷，他都要到附近的城市避寒和写作，这也是他和露特·温格尔劳燕分飞的原因之一。

1930 年春季的一天，苏黎世“方舟”酒店，黑塞和几个朋友饮酒闲谈，谈到各自对未来的设想，黑塞说希望有一座自己的房子，冬天不再寒冷，可以自由自在地写作。言者无意，听者有心。在座的医学博士汉斯·波德梅尔郑重其事地对黑塞说：“你是该有自己的房子啦！”

汉斯·波德梅尔是一位医生，他和妻子爱尔瑟都是贝多芬收藏者。1919 年，他的夫人爱尔瑟因为喜欢黑塞的作品，订购了一份黑塞诗歌手稿，由此结缘，成为朋友。相识以来，黑塞的种种经历他都看在眼里，记

在心里。这时,他已经具备出手相助的实力,于是挺身而出,一诺千金。

一言既出,驷马难追。波德梅尔承诺出资,请他们共同的朋友建筑师兴德曼按照黑塞和妮依的意愿设计,黑塞忙于写作,装修由妮依负责。因为工程不大,第二年 8 月顺利落成。

这是一栋阳面三层、阴面两层的小楼别墅,共有约 20 个房间。为了便于各自工作和休息,夫妻二人各有自己的卧室、书房,进餐在共用的餐厅。因别墅在山头上,视野开阔。四周是小树林,有上万平米的绿地,优美恬静。别墅的内装修也很用心。室内家具是黑塞自己购置的。黑塞对房子非常满意,他在文章中写道:“这座房屋,我们当时戏言梦寐以求的,现在真的立在这儿了,非常大,非常美,供我有生之年居住。”(1931 年《迁居时的遐想》)

为了让黑塞安心于写作,波德梅尔提出把别墅送给黑塞。黑塞婉拒了他的美意,提出他和妮依只要求居住,产权仍属波德梅尔,在黑塞离世后,或者不愿居住时,仍然归还波德梅尔。事实上,黑塞一直居住到 1962 年 8 月,最后终老于此。

对于新房子,黑塞称为“波德梅尔屋”,他的朋友们则称为“黑塞屋”。闻听黑塞有了自己的房子,8 月 10 日别墅落成,8 月 26 日,罗曼·罗兰就专程来致贺。他在日记里记下了黑塞当时的快乐情绪:“黑塞和他的女伴对刚刚整理、布置完毕的全新美丽的新窝满意极了,高兴得像个孩子似的。”对别墅的设计表示欣赏:“我首先注意到黑塞屋保证了这对生活伴侣的互相独立性……采用了互相独立的建筑形式,每一套房屋都有一个单独的出入口,当然两套之间有一套共用的餐厅相连接,黑塞的房屋通向罗迦诺和蒙太格诺拉,而妮依的套房则通往圣萨尔瓦多和蒙代格内罗索。”①

随着“黑塞屋”的落成,托马斯·曼夫妇、波德梅尔夫妇都极力撮合黑塞与妮依正式结婚,他和妮依的婚姻就此提上了日程。1931 年夏,妮依与贝内迪克特·弗雷德·多尔宾办理了离婚手续,11 月 14 日,与黑

① 转引自赫勃特·许尼莱－罗茨:《追踪黑塞文学旅行的足迹》,德国斯图加特,克勒特出版社,1991 年。

塞在蒙塔诺拉市政厅办理结婚。从这时到1962年8月，妮侬夫人陪伴黑塞走过了三十多年的婚姻生活和人生历程。加上此前的四年同居时期，长达35年，二人同甘共苦，相濡以沫。妮侬表现出高尚的品格，她一直以黑塞的事业为重，数十年如一日，居功至伟，为黑塞的写作起了他人不可替代的作用。写到这里，笔者很自然地想到了鲁迅与许广平，情况非常像，黑塞与妮侬1927年开始同居，鲁迅与许广平1927结婚。不同的是鲁迅与许广平共同生活了10年，黑塞和妮侬共同生活了30年。如果说有什么遗憾的话，就是他们没有共同生育一男半女。

妮侬对黑塞的帮助是熟悉黑塞的人有目共睹的。她的作用不仅得到黑塞儿子们的肯定，甚至得到黑塞前妻的首肯。20世纪60年代，黑塞的长子布鲁诺在接受媒体采访时回忆，1931年，黑塞的第一任妻子玛丽娅曾去蒙塔诺拉看望黑塞，她看到妮侬非常关心黑塞的工作，甚为感动。玛丽娅"十分尊重她这一品德"，她对儿子说，自己当年确实不如妮侬做得好。本哈特·采勒在《黑塞画传》中写道："这位聪明勇敢、善解人意的女伴是他日后举步维艰岁月里不可或缺的需要。"

而在当时，黑塞对于结婚一直是犹豫的。他有个观点，认为艺术家、诗人难以胜任好丈夫的角色。有了前两次婚姻的失败，更让他没有自信。他在1934年写给一位女读者的信中这样说："好艺术家和诗人，虽然常常是火热的情人，但恰恰极少是好丈夫，因为艺术家首先生活在自己的作品里。他能够施与的爱不是更多，而是更少，因为他用在作品上的工作要求的爱有那么多。"1947年，在写给欧仁·采勒的信中，他再次重申了这一观点："在我的一生中，婚姻不是那种我能够带着快乐、心安理得或者甚至骄傲思念的东西。也许我生来就注定是一个独身者，同时应该永远保持这种状态，结婚，往好了说，像一份适应市民阶层的尝试，但是，为了获得世界对性格内向者施加的惩罚，即使不结婚我的负担也足够沉重了。"①

---

① [德]德弗尔克·米歇尔斯编，李士勋译，《黑塞画传》，上海人民出版社，2009年1月版，第241页。

无独有偶。黑塞的观点是很有道理的，中国明代学者李贽也提出过类似的观点。他在《〈读书乐〉并引》一文中这样写道："天幸生我情，平生不爱近家人，故终老龙湖，幸免俯仰逼迫之苦，而又得以一意读书。"他也认为读书写作的快乐超过了与家人相聚，因而选择湖北麻城龙湖潭独自隐居。

黑塞的犹豫有道理的，但事实证明他的第三次婚姻是成功的。这是黑塞的幸运，也是德语文学的幸事。

二十、别有意味的《东方之旅》

艺术的世界是一个没有时间性的精神领域，是不依赖真实的永恒存在。而它们的作者却生生死死不由自主，其中许多人往往生前默默无闻而死后（有的甚至要过世几十年后）忽然大放光明，这便是艺术的永恒性质——精神服务超越时代。

——露易丝·林塞尔《试论〈东方之旅〉的意义》，1977 年

从 1931 年 8 月迁居黑塞屋，随后与妮侬结婚，1931 到 1933 年，黑塞度过了幸福的三年时光。环境优美恬静，生活愉快，他的写作自然文思泉涌。此段时间，除了《世界文库》，他还写了《东方之旅》，1932 年由费舍尔出版社出版。

小说虽取名“东方之旅”，故事却发生在德国、瑞士和意大利，并没有东方国家。作品的命名是因为主人公 H. H. 加入了一个以“从东方寻求真理”为宗旨的秘密团体。小说中的人物既有黑塞的友人，又有历史名人如莫扎特、霍夫曼、波德莱尔、布伦塔诺，还有文学名著中的人物堂·吉诃德、香第、维铁柯，包括席特哈尔塔、克林格索尔、歌尔德蒙等，值得注意的是主人公 H. H. 正是黑塞名字的缩写。这部作品的基调就是这样似真似幻，亦真亦幻。第一次世界大战以后，奥斯瓦尔德·斯宾格勒 1922 年出版了《西方的没落》上册，欧洲的有识之士一致的观点是“从东方寻求真理”，黑塞则以文学的形式表达了自己的观点，以 H. H. 的身份现身说法。

在小说中，这个团体的信条为：“我们的目标并不局限于一个国家，

也没有任何地理限制，而是寻求灵魂的故乡和青春，它无处不在，却又处处找不到，它是一切时代的统一体。”团体的成员都是兄弟，目标是推翻烽火遍地的世界，建设一个人间天堂。小说按照时间顺序描写了几次旅行和谈话，以布莱姆加藤宫[①]的庆祝大会成为高潮。通过庆祝大会的过程，H. H. 才领悟到团体的仆役里奥实际是这个团体的领袖，里奥以自己的一言一行来提倡和践行“献身精神”。在小说的结尾，里奥突然消失了，H. H. 随即回到了外部世界。不久，外部世界的纷乱又让他渴望返回团体生活，这时，里奥正在等待他的回归——这是对他的一次检验。回到团体后，他被委托编写团体历史，在查阅团体档案时却没有发现自己叛变的记录，而发现了一座塑像，一半是自己，衰老颓败；一半是里奥，生气勃勃。他想起在布莱姆加藤宫里奥和他的谈话：“艺术作品里的形象比作者们自己更生气勃勃和真实。”

在小说里，科摩湖、罗迦诺湖、布莱姆加藤宫、莫比乌·英弗里奥莱山谷都是真实的地点，人物有真有假，有古有今，密码式的语言，种种象征技巧，让很多读者如堕五里雾中。君特·艾希是最早评论《东方之旅》的文学评论家，1932 年他这样来解读：“黑塞的新小说报道了东方之旅者秘密同盟，这个同盟应该表现星散在世界各民族和各个时代中的债权人、梦想家和诗人的共同体，象征性地在一个同时发生的命运里进行概述……像《荒原狼》一样，这也是一部自白书，只是为了讲述，所以比那儿显得更统一，更注重形式。”

安德烈·纪德是黑塞的异国知音，在黑塞的法国朋友中，他的友谊仅次于罗曼·罗兰。他 1947 年专程到蒙塔诺拉拜访了黑塞，让他的女婿让·兰姆贝将《东方之旅》译成法文，1948 年出版，纪德亲自撰写了导言，文中指出：“在黑塞看来，宝贵的固执、坚韧和孜孜不倦寻找真理者总是重新进行的自我控制，以奇妙的方式显得亲密无间。”

---

① 位于瑞士伯尔尼附近的阿莱半岛，以风景秀丽著称。从 1918 年起，归马克斯·华斯梅尔（1877—1970）所有。华斯梅尔 20 世纪初与黑塞相识，友情深笃，黑塞将其写进作品，也是对友谊的纪念。

由于《东方之旅》的寓言形式，许多读者表示不明白作者的用意，黑塞只得出面解释。1932 年，他解释说：

> 以超越各种文化的人性，以超越今日的永恒，部分补充我们目前尚未产生的繁荣不息的文化，这至少是一种我们可以赖以呼吸的可能性。一个人经历过这种超越时间地域的宗教、哲学、艺术的洗礼之后，再遇到日常的问题，回到具体的政治性的事物中时，他不会变得脆弱，而会因为受到锻炼而更加有力量，他会变得更有耐心，更富于幽默感，富于理解的意愿，对一切生命及其困顿不足和错误都能以新的爱心相待。

这是黑塞的夫子自道，是他的切身体会。他从青年时代起一直在探索如何摆脱欧洲文化的局限，而从东方文化中汲取智慧。而在东方文化中，让他受益匪浅的主要是中国文化和印度文化。

对于作品中的自我矛盾，他也坦言自己的苦衷：

> 在《东方之旅》中，您也会发现一种明确的为了共同体的自白。为此，凡是我的文字中显得矛盾的东西，都与艺术家尤其是评价水平线以上有个性者和有天赋者的问题相关联。艺术家通过自己的作品为其社会态度的某些缺陷付出代价。他为作品牺牲的东西，大都比老实的一般市民所能牺牲的东西多得多，这使所有人受益。

德国女作家露易丝·林塞尔是黑塞的忘年交，她对《东方之旅》的评论可能更接近年轻的读者。1977 年为纪念黑塞百年诞辰，她撰写了长文《试论〈东方之旅〉的意义》，被学术界公认为阐释《东方之旅》的翘楚之作，提出了许多独到之见。首先，她的文章开宗明义："人们可以把《东方之旅》当作一部独立的作品来阅读，但是人们唯有把它作为《玻璃球游戏》的雏形、先驱、前奏来看待的时候，才能够真正读懂这部作品……两者都用象征和譬喻手法表现表面上看来平静和毫无希望的生活，然而却把人类反对非人性的精神斗争导向了胜利。”

林塞尔指出：“H. H. 和他的作者黑塞进行着同样的探寻，绝望地追求着业已丧失的东西。他永远也找不到它们，也就是说，他那觉醒着的智慧告诉他，自己的大胆妄想绝不可能实现。于是他必得召唤出另一种力量：通过睡眠感受到无意识的力量。睡眠在《东方之旅》中不论在精神思想抑或文学结构方面都具有举足轻重的意义。”黑塞在创作时借用了精神分析学说，林塞尔借用精神分析进行解读当然切中肯綮。因为他们都和荣格打过交道：荣格给黑塞治疗过心理疾患，林塞尔与荣格合作过。通过梦来解读，自然如庖丁解牛。“失落和重新找到里奥的梦是一次向内旅行的反映，它的目标是审察自身的内在构成（H. H. 和里奥是一个双重人，是一座有两张脸的玻璃座雕像）。这场旅行也许很危险，也许可以称之为开创新道路。而事实上正像作品中所描写的那样，它是一份某一人物的精神上自我发现的标准报告，同时是文学作品，因而文学特性又与生活本身完全相等，‘无创作能力’便成为危及生命的问题，成为这个人物能否完美的因素，因为生活和写作是一个整体。作家黑塞给自己的创作物 H. H. 推荐了一剂良药，成为奉献者；H. H. 作为人必须完全放弃自己，必须彻底消失于著作之中，一个作家的生命本质便是让自己永存于文学存在之中。”

最后，林塞尔这样来定位黑塞：“一位天性倾向田园生活的诗人，本质上归属法塔米世界[①]，在严酷的年代里把自己发展成了精神修炼者，证实自己乃是东方旅行者。我们藉此而对里奥形象以及寻找里奥的行动获得了全新观点：法西斯主义连同其非理性主义哲学把人们导向虚伪母亲的王国。凡是看清这一点的人（黑塞看到了），就必然会去寻找里奥，寻找父亲精神。”

概而言之，《东方之旅》是黑塞中年时期精神寻觅的重要成果，是《玻璃球游戏》前奏，这对理解黑塞是很关键的一点。

---

① 在《东方之旅》中，法塔米是作为里奥的对立面出现的，代表了女性、阴，月神世界，魔术力量，不可知物，物质力量。

二十一、独立于两大阵营之间

> 法西斯主义的企图是一种倒退的、无用的、愚蠢的和卑鄙的尝试,但共产主义的尝试是一种必须创造人类的尝试,尽管它悲惨地被卡在惨无人道之中,这个尝试还是不得不一再地进行下去,为的当然不是愚蠢的“无产阶级专政”,但确实是要在资产阶级和无产阶级之间实现一点正义和博爱。(1950年致读者信)

自入住“黑塞屋”到1933年希特勒迫害犹太人这段时间,除了写作《东方之旅》,黑塞还进行了政治理论、人生信仰方面的研究和思索,写出了几篇重头理论文章。

1931年,黑塞写了《我的信仰》一文,概括谈到基督教、印度文化和中国文化对自己的影响,德国民族文化的缺陷,强调中国文化对自己的重大影响:

> 我认识中国的精神世界晚于认识印度的,认识之后我又有了转变。中国古代的道德观使我觉得孔夫子和苏格拉底是兄弟,老子深藏的智慧以及其神秘的动力使我思索良久。
>
> 我的生活中向来有宗教,没有宗教我一天也生活不下去,不过,我不需要教会。我总觉得把信仰和政治分开的特别教会看起来像描绘民族主义的讽刺画,这种感觉在战争期间特别强烈,而新教没有能力达到超越教派的统一,在我看来,这是德意志没有能力达到

一致的象征。

1932年，黑塞又写下长文《神学摭谈》，进一步谈了信仰问题，申明是"将我在不同年代的思索与笔记整理成文"。在文章中，黑塞把人的心灵发展划分为三个阶段：第一阶段是原始状态，浑浑噩噩，只知道物质生活，绝大多数人处于此阶段，是无罪境界；第二阶段是以修行来寻求解脱，例如"瑜伽"，是有罪境界；第三阶段是觉醒阶段，和佛教的"涅槃"同义，"体验一种超越道德、法律的状态，朝着获得彻悟与解脱迈进"，到达解脱境界，极少数人才能达到。

接着，他把所有人划分为两种类型：第一类是理性者，钟爱制度，追求权力。"他的最大危害亦在于此——在追求权力方面，在滥用权力方面，在喜欢发号施令方面，在进行恐怖威吓方面。"此类代表有黑格尔等；第二类是虔诚者，有两个特征："一是对自然有强烈的感觉；一是相信有一个超越理性的世界规则……在自然与艺术面前，虔诚者总是潇洒自如，无所拘束，而在教育与知识面前他却不知所措，难以适从。"第二类的代表是托尔斯泰。黑塞认为自己是第二类。

最后，黑塞提出了自己的理想：

> 我们人类能达到的最高精神体验从来也就是理性与敬畏的和解，即把两大对立面视为对等的认识。
>
> 在第三阶段上，这两类对抗者开始认识对方，不再是认识到对方的相异性，而是认识到相互的依赖性。他们开始爱慕对方，开始想念对方。这儿有路通向开发人本质的种种可能；然而这种状况至今尚未呈现在世人眼前。

八十多年前，黑塞的认识已经到了这一高度，不能不让我们叹服！沿此思路继续前行，最后以《玻璃球游戏》呈现给世人。

同样是1931年，黑塞应罗曼·罗兰之约，写成《感谢歌德》一文，发表于1932年《欧罗巴》杂志"歌德专号"上。这篇文章从民族性、理想人格等角度谈歌德，是这一时期黑塞理论思索的具体化，具有极为重要的意义。

> 作家歌德为他那一时代的优秀者建立了一个人的楷模，树起了人的榜样，凡是具有善良愿望的人，都得把教育自己逐渐类似这样的人，逐渐接近这样的人，视作自己的理想。

黑塞认为，在对中国文化的认同、世界文学的理念上，歌德是他的先驱。“在我这个特别偏爱中国古代圣贤的人眼中，歌德似乎也具有中国人的面容。”

对于在战争年代如何爱国的问题上，黑塞直言痛斥那时德国文人“出现了一种不负责任的、部分是狂热的、部分也是被收买的那类文章，一种非常爱国的却是愚蠢的、欺骗的和粗俗的的文章，这是歌德的耻辱，是精神的耻辱，是德意志民族的耻辱……我不能够把这种爱国主义的道义当作我自己的，尽管我非常爱德国，因为我在精神中看不到一种随意的工具或者战斗的手段，我不是将军或首相，而是为精神服务。”

最后，黑塞比较了诗人歌德、文人和导师的歌德与最高的歌德形象——“存在于双极性之中，存在于处处和无处之中……不再是歌德式的，而是与印度智慧、中国智慧、希腊智慧呼吸着共同的空气，它不再是意志，而是虔诚、敬畏和奉献：道。”

以世界眼光寻觅的最好归宿是中国的道，这是黑塞的结论，从这时直到离世，黑塞再也没有动摇过。

对于当时的以美国为首的资本主义阵营和以苏联为首的社会主义阵营，黑塞冷眼旁观，冷静审视，进行对比，但他对两者都不认同，这在那个时代是很罕见的。

对于某些权势人物，黑塞认为是一路货色：“人身上的兽性和魔鬼总是一再地回到杀戮和折磨，然后也总是理所当然地为此找到‘正统的’意识形态。”（1930 年 10 月致库诺·菲德勒）

在社会主义阵营的代表人物中，黑塞比较有好感的是列宁和托洛斯基。

1932 年 3 月 13 日，在和海因里希·维甘特通信时，他这样评价列宁："说德国的共产主义今天好像没有一个头面人物，可能不是反对其目标的借口。俄国的革命在列宁到来之前也同样没有一个头面人物，如果没有列宁，也许会完全资产阶级化，在最好的情况下也只是停留在克伦斯基那儿。"

1934 年，在《斯大林，钢铁巨人》的书评中，他把列宁与拿破仑并列："像所有论及最新的俄国革命的书籍那样，领袖人物没有一个能抓住我们并对我们施展魔法，唯一的例外是列宁，他的天才确实是拿破仑式的。"

20 世纪 30 年代初，黑塞在繁忙的创作中，一直密切关注着两大阵营的动态，不断和家人进行探讨。1931 年 11 月 23 日，在写给妻子妮侬的信中说："我又发现，为了正义的缘故，我的立场与共产主义多么接近。如果共产主义没有火枪和大炮能够变成现实，那我可能会乐意参与。"12 月底，他在写给儿子布鲁诺的信中说："世界上正在发生的事情是资本主义经济崩溃中最后的若干阶段之一，这个阶段在经过了它的全盛时期和固有的意义之后幸存下来，如今为新事物让了位。这个新事物可能就是共产主义，我觉得它本身并非不讨人喜欢。假如人们从今天到明天在一夜之间取消全世界所有国家的财产和继承权，假如今天全人类百分之九十挨饿的人不再被百分之十饱食终日的人统治，那么这只能是一件好事。当然在这之前可能有成百上千次过渡，一部分也会是流血的，也将会有红色的和白色的等等各种恐怖，此后，在已经改变了的世界上重新作出安排还将花很多气力。"可以看出，黑塞认同共产主义的最后目标，但对于采用暴力手段一直是不同意的，这与他的人道主义情怀是相悖的。对于未来的路怎么走，黑塞一直在摸索中。

1935 年 11 月 16 日，在写给君特·波莫尔的信中说："我们可以献身于今天的苦难和问题，但只能在我们愿意的时候，在那些问题当中选择一个党派全身心地投入。因为我不认识一个其目标能让我完全赞成的党派，所以这样一条道路对我来说是不存在的。”黑塞的对策是继续自己的探索，终身没有加入任何党派。

这样的行事态度，黑塞一直保持到离开这个世界的1962年。

二十二、救助德国文化人

布莱希特曾经和许多其他来自德国的流亡者一起在我们这里待了一个下午，大家谈到焚书……大家很喜欢他的诗歌和小说，我从开始到尽头始终给予高度评价……他是德国共产党人中唯一的诗人，而且是唯一的仍然屹立在一种十分宽广的综合文学修养基础上的诗人。

——《致彼得·苏尔坎普》，1956 年 8 月

在德国，1933 年，通过种种阴谋手段，希特勒获得了独裁权力，开始迫害犹太人、左翼人士，特别是共产党人。在文化领域，清洗有左翼倾向的人士，焚烧有关书刊。一时之间，德国大地上，黑云压城城欲摧，左翼人士、犹太人纷纷流亡国外，而博登湖畔的黑塞屋成为许多人的安全岛、中转站。自 1933 年 4 月开始，黑塞平静安逸的生活被打乱，基本持续到 1945 年希特勒败亡，长达 12 年之久。对于这些不速之客，黑塞尽其所能，安排食宿，写介绍信，代办签证，在瑞士警察局进行疏通、打点，给予精神和金钱方面的援助。

1933 年 3 月 17 日，来自莱比锡的社会主义作家首开其端，一周后是托马斯·曼。4 月，是贝托尔特·布莱希特和海伦·魏格尔的到来，而后来自德国的流亡者不断来到黑塞屋，然后再设法转往其他目的地。

在长达 12 年的时间里，黑塞和夫人接待了一批又一批的德国文化人，保存了德国的读书种子，为德国文化做出了居功至伟的贡献。这些

流亡者中，有作家、艺术家、科学家，有记者、编辑，许多人后来成为大师、名家，甚至成为诺贝尔奖得主，其中就有布莱希特。他们在蒙塔诺拉停留的时间虽长短不一，但对黑塞夫妇的救助感激莫名。其中的年轻人得到黑塞艺术上的指导，黑塞的耳提面命，让他们受益终身，多年之后仍然感激不尽。

彼得·魏斯是一位画家兼作家，原本是黑塞的读者，1937 年时 31 岁，流亡中的魏斯一贫如洗，孤独无靠，万般无奈的他写信向黑塞求助，寄去自己的手稿和素描。黑塞发现他是个有灵气的青年，委托他为自己和朋友的作品画插图，得以维持生计。1938 年黑塞在写给爱丽丝·罗伊特霍尔德的信中说："这是一个极有天赋的、性情也十分随和的年轻人，因为现在命运一下子把他卷到我们的海滩上并使我对他的命运暂时负责。我觉得，使他在没有任何收入的时期通过这两个任务感到轻松一点，这是一件相当令人高兴的事。"黑塞的雪中送炭，使魏斯渡过了难关，后来成为很有建树的画家兼作家。1962 年黑塞逝世，魏斯在写给朋友的信中写道："赫尔曼·黑塞这个人和他的作品对于我的发展具有重要意义。在流亡、迁居和战争的所有阶段——直到今天——我始终带着他的书。"到了 1974 年，魏斯再次谈到阅读黑塞作品对自己思想上的启示："我总是一再地碰到自己的某些迷误，我的艺术创作都是从这些迷误中形成的……受出身环境的影响，努力争取解放自己，找到自己本身……这一切在阅读那些书时都得到了更新。"类似的情况还有青年画家君特·伯莫尔。

罗伯特·穆齐尔是奥地利人，也是犹太人，潜心十年创作了长篇小说《没有个性的人》，1931 年出版第一卷，1933 年出版第二卷。第二卷出版不久，被迫流亡。黑塞是该书最早的评论家，第一卷甫一问世，黑塞以其敏锐的艺术感觉即给予该书高度评价，后来还帮助穆齐尔获得瑞士居住许可。黑塞在书评中指出："这部值得注意的、细腻而且颇具时代气息的诗作是奥地利的一部水平极高的作品，像赫胥黎的小说是英国的那样，这部诗作在其全部智慧中，不仅在色彩上是奥地利的，而且也大大超出国界，超过奥地利到达欧洲，变成一个伟大的尝试……那是一个罕见的人，一个处于自己的社会属性之外，一个具有独特样式和独特命运的人。”1936 年，在《德语新书》一文中，黑塞再次推许罗伯特·穆齐尔为“德语文献中最精细的散文家和最聪明的人之一”。到 20 世纪后期，穆齐尔被认为是与卡夫卡、普鲁斯特、乔伊斯、艾略特并列的现代主义艺术大师，《没有个性的人》成为现代主义名著，黑塞的眼光再次被时间证明。

黑塞与费舍尔出版社的情谊是又一个例子。1904 年，因出版《彼得·卡门青》与该出版社老板萨穆埃尔·费舍尔结缘，一口气合作了 30 年，1934 年 10 月费舍尔去世，其女婿高特弗里德·贝尔曼·费舍尔和彼得·苏尔坎普成为继承人。希特勒上台后疯狂迫害犹太人，1935 年底费舍尔出版社因为是犹太人主办被告知尽快离开德国，可以带走几个作家的作品，但黑塞的作品必须留在德国。经过商议，贝尔曼·费舍尔流亡国外，保留费舍尔出版社的牌子在维也纳继续经营。为了阻止纳粹接管费舍尔出版社，彼得·苏尔坎普购买了剩余的资产，1936 年 4 月改名为“苏尔坎普出版社”，1942 年被强制改名为“苏尔坎普出版社之前 S. 费舍尔”。为了支持处于困境的贝尔曼·费舍尔出版社，1936 年黑塞把自己的新作《花园里的时光》交给他们出版，继续合作，让贝尔曼倍感友谊的温暖。对苏尔坎普出版社也是一样，尽其所能给予支持。从 1939 年起，纳粹德国宣布黑塞是不受欢迎的作家，他的《在轮下》《荒原狼》和《纳尔齐斯和歌尔德蒙》等禁止再版，黑塞的收入仅够生存，为了支持苏尔坎普出版社，黑塞于 1939 年签约延长了与苏尔坎普出版社的合同。《纳尔齐斯与歌尔德蒙》中有中世纪屠杀犹太人的故事，纳粹德国宣传部要求删节该部分内容，可以放行再版，被黑塞断然决绝：“小小的让步可能会拯救我的书，即使有小的砍杀，也会给我的出版人和我本人带来几千马克的收入——但是，我认为那个让步意味着无耻和背叛。”（1946 年 5 月致 K. 尤塞琳·德·琼）逆风而行，表现出文人的铮铮风骨。一直到如今的 21 世纪，《黑塞全集》仍是苏尔坎普出版社的独家版权，成为德国文化史上的佳话。

黑塞的努力给一批又一批流亡者带来希望，多少年后他们回想起来仍然感动不已。1938年1月30日,斯蒂芬·茨威格写信给黑塞说:“我很尊敬和热爱您的态度,这种态度——心里坚定——对周边的运动没有任何反应;我学会了耿直地去恨总是跨区域的政治和背叛流行语的词汇……像正义的对立面。”可惜的是他缺少黑塞与黑暗斗争的坚韧,在希特勒凶焰正盛时自戕于巴西,没有看到枭雄的下场。西格弗里德·克拉考尔是一位社会学家兼作家,流亡巴黎期间,1937年黑塞把他写的传记《杰克·奥芬巴赫与当时的巴黎》推荐给荷兰的朗格出版社,使该书顺利问世。1957年,克拉考尔在写给黑塞的信中这样说:“尽管我有各种各样的障碍,但我还是想告诉您至少一点,我属于那些愿意让您的著作伴随自己走过一生的人,他们怀着爱戴和崇敬回忆往昔并对您的存在心怀感激。”马丁·布伯是著名的犹太哲学家、法兰克福大学教授,黑塞从1909年起就一直关注他的研究成果,撰写了多篇书评。1933年,他被解除教授职位,1938年流亡国外。1937年,他在写给黑塞的信中写道:“我们想告诉您……我们多么想经常去打扰您并和您交谈,在这个时刻——尽管有各种各样的情况——和您在一起,我们多么高兴……在这个世界上我们怎么能不想您。”布伯出生于1878年,只比黑塞小一岁,口吻谦恭得像个晚辈,可见他对黑塞的折服。

类似的情况涉及许多德国文化界知名人士,更多的是不知名的人。在知名人士中,除了前面提到的几位,还有表现主义诗人和作家阿尔贝特·艾伦斯特、杂文家约阿希姆·马斯、女作家安内特·科尔普、抒情诗人马克斯·赫尔曼-奈斯和恩斯特·维歇尔特、杂文家和翻译家费迪南·哈德科普、出版人奥尔格拉斯、医生H.E.布莱希、女作家露易丝·林泽尔、报纸编辑台欧多·豪伊斯、时事评论家阿尔布莱希特·戈埃斯、记者恩斯特·佩曹尔德和汉斯·卡洛斯,等等。

关于黑塞救助德国文化人,应该专门写一本书,足够写一本很厚的书,其中有许多感人的故事,让我们见证黑塞性格中宽厚、柔软、细致的一面。仅此一方面,他在德国文化史上就应该占有重要的一章。

二十三、黑塞的亲情故事

见到弟弟那张欢畅的脸后，我对自己和对生命有了许多了解，那是我进入这弥漫节日气氛的房间时、唱着圣诞歌时所不知的。

——《追忆弟弟汉斯》，1935 年

中国古语说，福无双至，祸不单行。1935 年冬季，欧洲大地政治动荡，经济凋敝，纳粹德国迫害犹太人运动有增无减。11 月，黑塞有事来到弟弟汉斯·黑塞所在的城市，两兄弟在哥哥的旅馆见了面，他发现弟弟精神上很压抑，弟弟说自己与同事的关系很差，度日如年，身体也每况愈下。弟弟自幼是个胆小怕事的人，与哥哥性格相反。黑塞随口安慰了几句，弟弟就告辞了。几天后，弟弟离家出走，后来被发现在野外用小刀自戕而死，年仅 52 岁。这时，黑塞还没有离开，就作为家族代表参加了汉斯的葬礼。似乎老天同情汉斯，细雨蒙蒙，"牧师说完阿门之后我们还久久站着不动，我从许多人的话听出，汉斯享有他们的爱，他纯真的魅力吸引他们。一切比我知道的多得多。如果我有幸喜好我的职业，能够为一种比较高尚的工作服务，那是我用很大一段生命换来的，或许用了太大的一段，而我并不敢希望，将来在我的墓旁会映射出如此多的光辉，会回荡如此多的亲切爱意。"（《追忆弟弟汉斯》）

"烽火连三月，家书抵万金。"在纳粹肆虐的时期，胞弟以如此残酷的方式英年早逝，让黑塞长期情绪低落，思想上回到与汉斯朝夕相处的岁月。黑塞的父亲约翰尼斯·黑塞和母亲玛丽娅·龚德尔特 1874 年结婚，这是他们各自的第二次婚姻，此前各有一次失败的婚姻。婚后生育两男两女，最先是女儿阿黛莱，黑塞为次，妹妹玛鲁拉，弟弟汉斯。从1889年的一幅全家福合影看，他的姐妹、弟弟容貌都更像父亲，只有黑塞像母亲。经过一年的回忆、酝酿，黑塞在1936年底写成长文《追忆弟弟汉斯》，长文当哭，祭奠弟弟。该文长约两万字，回忆了黑塞家族的许多亲情故事。笔者结合黑塞的其他回忆文章，介绍一下黑塞的家庭成员。

黑塞出生于一个国际化的大家庭。他的祖父卡尔·赫尔曼·黑塞是一位俄国乡村医生，后来到爱沙尼亚传教，成为俄国在爱沙尼亚维森斯坦的枢密院成员，兼任宗教读物的出版工作，晚年落脚于瑞士。黑塞的父亲约翰尼斯·黑塞秉承父志，中学毕业后入教会学校，成为巴塞尔传教协会传教士，1869年被派往印度，1872年约翰尼斯因不适应印度气候而回国。1873年到德国南部的卡尔夫传教，成为黑塞外祖父赫尔曼·龚德尔特的下属，在工作中认识龚德尔特的女儿玛丽娅，日久生情。1874年12月22日，二人喜结连理。第二年生下女儿阿黛莱，1877年生下黑塞，1880年是女儿玛鲁拉，1882年是小儿子汉斯。但从渊源上说，无论从父系还是母系来看，他们与瑞士的关系更深，黑塞后来选择瑞士国籍就很好理解了。

黑塞的父亲约翰尼斯是一个擅长思考的人，一生出版过15种著作，主办过《卡尔夫传教报》，兼任宗教读物出版社的文学业务社长，这给早期的黑塞耳濡目染。“早在童年时期，我就熟悉那种新校样的油墨、亚麻布、纸箱子和糨糊的气味以及许多出版社的名称。当我过了暴风雨般的成长岁月之后不得不从事一种职业的时候，我就选择了图书业，估计那时候，我已经希望它能充当我通向作家的跳板。”（1955年《德国图书业和平奖授奖时的感谢信》）黑塞深沉的理论思维和骑士气质，都得益于父亲的遗传。“他的身上总是闪耀着一种特殊的庄严，一种出自良好教养和骑士风范的高尚光辉。这并非健康质朴的天性具有那样一种愉快，他拥有的是历经苦难的感恩和乐天。”（《忆父亲》）

与父亲相比，黑塞的母亲玛丽娅更富于文艺气质，在这方面补充父亲的不足。“我的根是深深扎在母亲的土壤里，那儿闪着深色的眼神和围绕着神秘的土壤。母亲一身都是音乐，父亲却不然，他根本就不会唱歌。”(《魔术师的童年》)玛丽娅富于文学才能，黑塞一出生，她就在日记和书信中详细记录黑塞的一举一动，给后人研究黑塞留下珍贵的资料。“从母亲身上我继承了她秉性中的热情和强烈的、极其快乐的幻想，此外还有音乐的才能。”(1923年《传记随笔》)晚年在给姐姐信中说，他写信的功夫赶不上母亲。此时的黑塞已经写了近三千封信，已经名满天下。

作为文学家，黑塞是一个重情的人。就是对同母异父的两个哥哥台奥多·易生贝格和卡尔·易生贝格感情也很深，他曾在回忆中说幼时对两个哥哥很羡慕。1928年3月，黑塞和妮依一起前往维尔茨堡、魏玛和柏林旅行时，专程前往路德维希斯堡看望在那里担任中学教师的卡尔·易生贝格夫妇，台奥多·易生贝格夫妇、阿黛莱和玛鲁拉也赶去，留下了一幅十人的珍贵合影，每个人的脸上都洋溢着亲情。

姐姐阿黛莱陪伴弟弟、妹妹享受了快乐的童年时光，给黑塞留下快乐的回忆。“我们记起母亲花园里的剪秋萝和夹竹桃，我们记起祖父母箱子里的印度小雕像和纺织品，记起一个小檀香木箱子的气味以及外祖父书房里弥漫的烟雾，我们彼此点头示意，望着卡尔夫教堂的塔顶，看着星期日镇上的乐队在教堂高廊大钟的旁边吹奏赞美诗……我想起儿时九月间的节日，太阳高挂天空，我们大家在老栗树下吃蛋糕的情景，又想起我们男孩对着木制老鹰射击的情景，一如让·保尔书中的主人公西本泽凯玩过的游戏，那实在有趣。隐藏在高高枫树林里的小路又是多么可爱，路旁长满羊齿草和高高的红色指甲花。”(1946年《给阿黛莱的信》)弥漫着浓浓的快乐氛围，让我们想起鲁迅《从百草园到三味书屋》。在这封信里，黑塞还谈到他们的家族，对出生于这样的大家庭倍感幸运：“我们只要开启心灵接受它，我们金色童年的故事就会苏醒，那个怀抱着我们、滋润着我们、教育着我们的世界就会出现，那是我们父母及先人的世界，一个既是德国式的又是基督教的世界，一个既是施瓦本又是国际性的世界……祖父是施瓦本人，祖母是法语区瑞士人，父亲是德裔俄国人，我们兄弟姐妹里，大哥生于印度，是英国籍，二哥由于在施瓦本读书，入了德国籍，我们其他的孩子都是瑞士巴塞尔市民，因为父亲供职巴塞尔时出钱买了巴塞尔户口。我们毕生无法成为真正的民族主义者，与这种家庭渊源有很大的关系，守护它不是唯一的原因。在这民族主义被炒得沸沸扬扬的时候，我们只需要记起我们的童年和家庭渊源，便能够不被这种民族偏见所干扰，这实在是太好了。"家庭出身给了黑塞姐弟开阔的视野，使他们比单一民族家庭出身的人有更大的格局。

姐弟情深，阔别多年，姐姐在德国，战争的阻隔使他们不得相见，写这封信时黑塞还不知道姐姐能否收到。为了表达对姐姐的思念之情，1945 年妮侬编选了黑塞的第三本诗选，黑塞在扉页上大字书写"献给我的姐姐阿黛莱"，那时还不知道战争何时才能结束。好在很快云开雾散，希特勒败亡。1946 年 7 月，黑塞设法为姐姐搞到了出境许可，阔别十年之后，姐弟终于在蒙塔诺拉重逢。从姐弟二人的合影看，丰满的阿黛莱一边织着毛衣，一边快乐地对着镜头。清癯的黑塞微笑着坐在姐姐身边，姐弟神采奕奕，周围是明亮的阳光。三年后的 1949 年，阿黛莱病逝。

对于弟弟汉斯，黑塞更多的是歉疚之情。在《追忆弟弟汉斯》中，黑塞回忆了早年与弟弟共处的许多细节，包括自己对弟弟的无伤大雅的欺负。"汉斯是个听话的、服从权威的孩子"，因为秉性老实，从学生时代到就业后经常吃亏。"汉斯误入了一个他不感兴趣的行业，他不适应、不在行，他一直努力去适应，却总是不怎么成功，最后只有屈服，把这职业当作无法逃避的严酷命运去接受。"最后成为牺牲品。黑塞万分歉疚的是弟弟曾含蓄地向自己求救，因自己的疏忽，悲剧在无声无息中发生了，造成千古遗恨，百身莫赎！

二十四、《玻璃球游戏》的写作与问世

它属于我们这个被鞭挞的和因失败而垂头丧气的时代必须提供的少数大胆、独特而又伟大的构思。

——托马斯·曼《致艾利希·卡勒》,1947年12月

1931年至1942年,在救助德国流亡者的同时,黑塞完成了长篇小说《玻璃球游戏》,这是他篇幅最长、最重要的代表作。此后,进入晚年的黑塞再没有长篇作品问世。

这部长篇孕育于1927年,黑塞在日记中记录了书名"玻璃球游戏"。1930年拟定了扉页献辞:"献给东方旅行者"。

1931年秋,《东方之旅》刚刚脱稿,尚未出版,黑塞意犹未尽,筹划下一部作品的写作,拟定的书名很长:《一位玻璃球游戏大师。试述游戏教师约瑟夫·克乃西特的生平行迹。克乃西特遗留的全部文字。出版人赫尔曼·黑塞》。

该书从1931年动笔开始,时作时辍,一直到1942年4月29日才"杀青",持续了十二年。1943年11月该书由瑞士苏黎世弗雷兹和华斯莫特出版社以两卷本形式出版,书名为《玻璃球游戏》,副题为《试述游戏教师约瑟夫·克乃西特的生平及其遗留著作。赫尔曼·黑塞出版》。正式出版之前,大部分书稿先后发表于瑞士的《新论坛》《格罗纳》等报刊,读者已有印象。

在长达十二年的时间里,黑塞调动所有的阅历和写作经验来写他最

看重的这部长篇。

1932年11月29日，少年同窗好友弗兰兹·夏尔寄来小说中格言的拉丁文译文。小说中他成为克兰歌尔。

1933年春，希特勒迫害犹太人日甚一日，大批犹太人闻风而逃。3月，黑塞的外甥卡罗·易生贝格来到蒙塔诺拉，小说中他成为音乐家卡罗·费罗蒙梯。

托马斯·曼尽管是诺贝尔奖得主也难于幸免，被迫离开德国，前往美国。赴美之前，托马斯·曼要来蒙塔诺拉和黑塞话别，黑塞闻讯，写信给他，告诉他正在写作中的《玻璃球游戏》内容："得知您要来这里，不由得略感羞愧，也乘机把我近两年规划所写之书事先告知一二。这本书的撰写时间已超过一年，却如此精确地超前描写了今日德国的精神状况，这几天重读已写成部分，几乎让我十分惊恐。"文学不是新闻，有时比新闻更生动，更超前，晚年的黑塞境界炉火纯青。

本年11月20日，黑塞在苏黎世与来访的奥拓·巴斯勒交谈后，顺利写成诗歌《沉思》，23日发表于巴塞尔《民族日报》。其中有这样几句：

> 神圣而永恒的是精神。
> 我们只是它的赋形和工具。
> 我们的路由它带领；我们最内心的
> 热望是：成为它，浴于它的光。
> ……
> 于是柔弱的童心
> 踌躇在母亲与父亲
> 和肉体与精神之间
> 灵魂抖着，却能承受苦难
> 胜于万物，也能臻于至高之境；
> 信仰与希望之爱。

诗歌的核心是精神，紧紧围绕对立的概念母亲与父亲、肉体与精神，这正是《玻璃球游戏》的主题“双极性”。这首诗后来成为小说书前格言的雏形。

1934 年 1 月，写成遗诗之一《悲叹》。2 月 20 日，写成第一篇传记《呼风唤雨的人》，发表于本年瑞士《新论坛》杂志第五期。

为了圆满表达小说的主题，小说的第一部分“引言——试释玻璃球游戏及其历史”中大段引用了《吕氏春秋·大乐》《吕氏春秋·适音》这样生僻的内容。何以如此？黑塞在 1934 年 8 月 25 日给奥拓·巴斯勒的信中谈了他的思路：“在所有美学问题的后面，还隐藏着其他生动的东西，一切真正音乐自己特有的精神，它的道德寓意。古代中国人远比我们的音乐理论家懂得多，也说得对。《吕氏春秋》里是这么说的：‘音乐之所由来者远矣，生于度量，本于太一。太一出两仪，两仪出阴阳。……故治世之音安以和，其政平也。乱世之音怨以怒，其政乖也。亡国之音悲以哀，其政险也。’……相当清楚地说明了一切音乐的起源及其几乎已被世人遗忘的真正意义。”不懂中文的黑塞通过译文把握了中国古代音乐理论的精髓，其高超的感悟力让人叹服！

1935 年 7 月，小说中的七首诗歌发表于 7 月号《柯罗纳》杂志。7 月第二篇传记《忏悔长老》发表于《新论坛》杂志。

1935 年 9 月，黑塞在柏林《新展望》杂志发表长诗《园圃时刻》，抒发他在蒙塔诺拉亲近大自然，与花木为伍，与鱼鸟为友，欣赏名曲仙乐的田园之乐。其中写道：

> 当巨大花头的向日葵从厩房那方对我凝视
> 而葡萄藤外的天际酝酿着正午的湛蓝时
> 我便听到仙乐悦耳，看见古人与来者
> 看见智士、诗人、学者和艺术家正同心协力
> 在百千门户的心灵殿堂里创作——将来我会
> 为你描述这幕奇景，只是此刻时机尚未成熟
> 然而不管这一天来早来迟，甚或根本不可能实现

我总会在需要安慰的时候，借着克乃西特这套
饶富意义的好方法，幻游诸朝历代
神交古老东方的先知导师
因为他们融洽的唱和也接纳了我的心声

（陈明哲译）

黑塞单独发表的这首诗已经点出了《玻璃球游戏》主人公的名字，也介绍了小说的主题。但在希特勒凶焰日盛之际，黑塞还不知道自己的计划能否实现，但奋勇前行的决心是无可置疑的。该诗在黑塞逝世后的1976年，岛屿出版社在美因河畔法兰克福出版了单行本。

1936年7月，第二篇传记《忏悔长老》发表于《新论坛》杂志。

1937年2月，柏林费舍尔出版社出版《黑塞诗集》，收入“克乃西特青年时代诗歌”。4月，第三篇传记《印度式传记》发表于《新论坛》。

1940年4月，黑塞写信给小儿子马丁，谈到自己的写作生活，还寄去新诗《闻笛》的修改稿：

小屋隐在树丛里，
小窗时明时幽，
就在看不见的房间
弄笛人把横笛吹奏。
那是一首熟悉的老曲，
穿过夜色把心儿暖透，
似乎每一方土都成了家乡，
每一条路都满载成就。
似乎神秘的世界
正启其心扉于这呼吸，
而心儿有所依偎，
一切时光都奔来眼底。

（欧凡译）

“随信寄去我一首新诗的最后修改稿。说真的，当全世界都已挖掘好坟墓和避弹室等等，打算彻底摧毁存在迄今的人类世界之时，我还整日忙碌于自己的一首小诗修改得好些，简直可笑。……主要在于这位滑稽可笑的人想作些有益的、无损人类的、值得期望的好事……一位诗人生活在一个明天可能遭受摧毁的世界上，他却如此细心雕琢、组合、推敲自己那些小小字词，因为他的作为与那些今天盛开在全世界一切草地上的白头翁、樱草花以及其他绚丽花朵的情况完全相同。它们生长在世界上，也许明天即将被毒气窒息，今天却依旧小心翼翼地孕育着自己的花瓣和花萼，不论是五瓣、四瓣或者是七瓣，不论是光边的或者是锯齿形的，永远认认真真把自己打扮得尽可能美丽。”在烽火遍地之时，黑塞表现出罕见的淡定。在救助流亡者的同时，潜心于自己的写作，精益求精，执着前行。本月，《玻璃球游戏》第五章“使命”发表于《新论坛》第七期。9 月，第六章《游戏大师》发表于《新论坛》第十二期。

1941 年上半年，黑塞的写作很顺利，接连完成“任职”“两个极点”“夜谈”“预备”“传阅信件”等章。

1942 年 8 月，完成结束章《传奇》，发表于《新论坛》。至此，历经十二度斗转星移，黑塞终于完成了这部巨著，顿觉如释重负。这时，正是他 65 岁生日之际，成为自己生日最好的礼物。

由于黑塞对纳粹当局的抵制，纳粹宣传部在年初就给各报纸编辑部下达控制宣传的文件，其内容如黑塞所道：“我的 65 岁生日人们可以提及，但必须强调，这个诗人的工作‘被一种时髦的方向左右’。这就是说可以承认我还算得上一位真正有天才的诗人，但尽管如此，我绝对不是青年的导师，像二十年前那样。这话让人感到舒服。于是人们就提前知道所有德国的报纸会刊登些什么东西了，因此就一张也不用再读了。”（1942 年初致爱丽丝・劳伊特霍尔德）

得知《玻璃球游戏》完稿，彼得・苏尔坎普努力争取小说在柏林出版，报告送上去，不仅未得到批准，反因“叛国罪”锒铛入狱。

经过努力，1943 年 11 月 18 日，《玻璃球游戏》第一版以两卷本的形式在瑞士苏黎世问世。

1945 年 5 月,恶贯满盈的希特勒自杀,柏林被盟军占领,苏尔坎普从集中营生还,获得盟军颁发的第一张出版许可证,立即开始筹备出版《玻璃球游戏》。1946 年 11 月底,《玻璃球游戏》和德国读者见面。

二十五、荣获诺贝尔文学奖

因其富有灵感的作品大胆、深刻典范地表达了经典人道主义的理想和优美的风格而获奖。

——诺贝尔奖颁奖辞,1946 年 11 月

我感到我与你们息息相关,与给诺贝尔基金会带来灵感的思想息息相关,那思想就是,精神是国际的,是超民族的,精神不应该为战争服务,而应该为和平与和解服务。

——黑塞诺贝尔奖答辞,1946 年 11 月

《玻璃球游戏》一书的杀青,耗时十二年,标志着黑塞实现了毕生最大的心愿。书稿完成之后,主要是写作短文、小诗,以此放松身心。1945 年,他出版了战后第一本书散文集《梦之旅》。此外,黑塞的作品在战后得到越来越多的读者的喜欢,向他求教乃至求助的信件如雪片般来到黑塞屋,年近古稀的黑塞坚持有信必复,表现出极大的热情。据学者统计,黑塞至少写了 35000 封信,这应该是吉尼斯纪录,目前尚未发现有人超过黑塞。黑塞的书信不仅数量多,而且质量高,他待人以诚,从文坛巨匠到普通读者,他都认真回复,推心置腹,绝不敷衍,表现出高尚的品格,读之令人感动不已。

自黑塞成名以来,回复读者来信、接待来访就成为他工作的一部分,占用了很多时间。他在 1938 年初写给卡尔・塞利希的信中说:“看邮件

占用了早晨,然后我的眼睛就不行了。一年中的大部分时间都有客人和来访者,经常一天来好几拨儿人,夏天甚至多到八至十人。有人在门上贴了一张纸条,请求体谅,一些细心的人就走了,而那些讨厌的人仍然照来不误。”

来信来访虽然有时让他感到烦恼,黑塞依然坚持亲自回复读者的来信,尽力不让求助者失望。他写于1949年的《在写字台前的时候》一文,袒露了自己的心声:“今天仍然是这样,每一天都在向我提出要求,要我去适应这个世界,就像大多数人所做的那样,借助经验和机械化,借助器械、女秘书或者一种方法,去完成一切当前的任务。也许我应该咬紧牙关,再从以前的日子学点什么?不,此时此刻,那可能使我很不舒服,而所有那些人,很多很多,他们的苦难犹如波涛一浪浪一直拍打到我堆积如山的写字台上,他们正在求助于一个人,而不是一个机构。每个人都应待在已经证明可靠的人那儿。”写到这里,我似乎听到了黑塞的心跳,他博大的胸怀让人动容!

由于黑塞作品的影响与日俱增,特别是《玻璃球游戏》的影响如日中天,1946年11月,黑塞荣获1946年诺贝尔文学奖。获奖的理由:因其富有灵感的作品大胆、深刻典范地表达了经典人道主义的理想和优美的风格而获奖。消息传来,德国和瑞士文化界人士都很激动,对于这崇高的荣誉,黑塞本人异常平静,他以身体有恙为由,委托瑞士驻瑞典全权公使瓦洛顿代其领奖,自己写了简短的答辞。

1946年11月10日,颁奖典礼在斯德哥尔摩隆重举行,瑞典国王及瑞典文学院评委及有关人士鲜衣怒马,参加颁奖大典。瑞典文学院常任秘书奥斯特林宣读颁奖辞。

颁奖辞首先说,“当前,黑塞与托马斯·曼一起,成为当代文学中德国文化传统的最佳代表。”颁奖辞高度评价黑塞在第一次世界大战中的反战行为,“他受到德国新闻界的野蛮攻击,这个经历显然令他极为震惊。”

对于《荒原狼》,“这部小说富于灵感地描述了人性的分裂,那是在一位身处日常生活的社会概念和道德概念之外的个人身上的欲望与理性之间的紧张状况。”

颁奖辞认为黑塞的中篇小说成就极高:“在他的造诣最为精湛的中篇小说中,我们既直接又间接地看到了他的人格。他的风格始终是令人赞叹的,不论是在表现反抗和超人的忘我境界,还是在表现宁静的哲学沉思,均达到完美无瑕。”

“在黑塞的近作中,《玻璃球游戏》(1943)占据着特殊的地位。这是一部描写一种神秘的智力秩序的幻想作品,与耶稣会士居于同一个英勇的禁欲主义层次,以自我一种疗法的默想修行为基础。……在消沉的时期,保存文化传统就是一项宝贵的任务”。

“自从里尔克和乔治①谢世以来,他就一直是德国的第一流的诗人。他将细腻纯正的风格与流动的情感温暖熔于一炉,而且他的音乐似的表现形式在我们的时代是无与伦比的。”

颁奖辞最后指出:“他以罕见的忠诚从事着他的职业,在一个悲剧的时代成功地携带着真正人道主义的武器。”

随后,瑞士驻瑞典全权公使瓦洛顿宣读了黑塞的书信作为答辞:

在向你们的喜庆的聚会致以诚挚尊敬的问候的时候,我想首先为不能亲自前来做客,不能向你们致意和致谢而表达我的遗憾之情。我的健康始终是脆弱的,自从1933年以来,多年的痛苦使我长期处于衰弱状态,毁灭了我一生的工作,并一再使我负上了沉重责任的重压。但是我的精神并没有被打碎,我感到我与你们息息相关,与给诺贝尔基金会带来灵感的思想息息相关,那思想就是,精神是国际的,是超民族的,精神不应该为战争服务,而是应该为和平与和解服务。

然而,我的理想并不是要把民族特色搞得模糊不清,那样会引

① 斯特凡·乔治(1868—1933),德国20世纪早期诗人。出生于普鲁士王国莱茵省的彼得希海姆,1917年他预言第一次世界大战的诗歌《战争》影响很大。希特勒上台后,拒绝与纳粹合作,1933年在意大利旅行时于罗卡诺病逝。

向一种精神一致的人性。相反,我但愿所有迥然不同的形体和色彩在我们这个可爱的地球上万寿无疆。存在着这么多的种族、民族、语言、众多而又不同的见解,这是多么绝妙的事情!如果说我对战争、征服、兼并怀有仇恨和不可调和的敌意的话,那也是因为有许多理由,但也是因为人类文明的如此众多的有机长成的、极端独具特色的、完全迥异的成就已成了这些黑暗力量的牺牲品。我讨厌伟大的简化者,我热爱质量感、不可模仿的技艺和独一无二感。因而,作为你们的充满感激之情的客人和同事,我向你们的祖国瑞典致意,向她的语言和文明,她的丰富而又骄傲的历史,她在维持和塑造其独特的天性时所表现出的韧性致意。我从未去过瑞典,但自从我从瑞典收到第一件礼物时起,几十年来有许多美好而善良的事情从你们的国家来到我的身边:那是40年前,是一本瑞典书,一本《基督的生平记述》的第一版,上有塞尔玛·拉格洛夫本人的题词。在漫长的岁月中,与你们的国家的有价值的交往为数众多,到今天你们又用这最后的伟大礼物令我大吃一惊。容我向你们表达我的深深的谢意。

宣读完毕,在场人士报以长时间的热烈掌声。

就在这一天,黑塞给好友君特·波莫尔写了一封信,在谈到诺贝尔奖颁奖典礼时说:“今天在斯德哥尔摩举行了一场闹剧,首先是大型的纪念诺贝尔歌舞晚会,然后是宴会,同时也应该宣读一篇我的空话。”对于全世界作家梦寐以求的诺贝尔文学奖,黑塞竟然如此不屑一顾。

细究其故,一言以蔽之,他的精神境界早已超越了世俗的成功标准,就连诺贝尔奖这样无以复加的荣誉也不会让他动心,中国古人所谓心如止水是也。

1937年黑塞60岁大寿时,托马斯·曼在《新苏黎世报》上撰文祝贺,文中写道:“我们也祝愿——同时我们对他的特别缺乏虚荣心合理地不予理睬——他的声望越来越深地进入世界,不断地在世界上广为传播并且能够获得早就应该得到的荣誉……用瑞典的世界文学奖给他加冕。”以托马斯·曼为代表的欧洲文艺界认为黑塞早该是诺贝尔奖得主,即使没有《玻璃球游戏》,托马斯·曼的话是1937年说的,黑塞获得诺贝尔奖是九年之后,了解这一情况之后就很好理解了。

同样是在1946年,在获诺贝尔奖之前,黑塞先荣获德国法兰克福的歌德奖。黑塞宣布只接受荣誉,把奖金留在德国,捐给公益事业。在歌德奖答谢辞中,黑塞有这样一段话:

> 对于我们,奖项与荣誉和年轻时不一样。在得主看来,它们既不是喜事与盛事,也不是他的某种劳绩。它们是人们称之为声名的、一种复杂的、在大多数情况下充满误解的现象的一部分,它是什么,我们就应该把它当作什么去接受,它毋宁是官方世界在面对非官方成就时聊以自解的一种尝试。双方所表现的都是象征性的姿态,是应俗和礼貌的行为。

真是妙极了!这是笔者迄今读过的关于得奖最为透辟的诠释,回头再读黑塞的诺贝尔奖答辞会觉得别有一番意味。

接受诺贝尔奖,黑塞主要出于对出版者的感谢,他在11月写给弗里克斯·布劳恩的信中这样说:“您真的对这个奖那么在意吗?我却不以为然。本来在几十年前,当《观察》和《荒原狼》出版并引起一部分人讥笑、一部分人恶毒拒绝的时候,我就能预言,到经济复苏和德国下一次失败的时候,奖金、庆祝会和新的版本将会雨点般为我而降——而在这样的时代,像现在这种奖金金额没有多少价值,即使我不把它送给别人,也买不到一小块面包或者根本买不到一杯葡萄酒。”黑塞果然是在德国再次失败时得到更多人士的认可,对于黑塞对德国精神状况的精准预见,我们不得不佩服,他对获奖那样淡定就更好理解了。

1947年1月6日,黑塞在写给理夏德·B.马奇西的信中,谈到获奖已经表现出厌烦之意:“世界坚决要求用奖金、贺词、博士论文和7000封信件把我彻底砸死,否则就无所事事。但是,那些这样做的人,也不应该期望再从牺牲者那里得到感激。”

二十六、《玻璃球游戏》的内容和持续影响

《玻璃球游戏》不是一部普通意义上的长篇小说。它是一种哲学上的乌托邦设想，纳入了种种譬喻和寓言，把当代文化命运的诸多问题转换成了遥远未来世界的现实，以便详尽彻底地予以探究。

——伊田文雄论文，见《通向赫尔曼·黑塞之路》，1988 年

《玻璃球游戏》有这样大的影响是与其博大精深的内容和高超的艺术技巧分不开的。

该书开篇是这样一句话："献给东方旅行者。"很自然让读者想起作者的中篇小说《东方之旅》，而《东方之旅》的全部内容都是在德国、瑞士和意大利。它的实质是对欧洲文化的悲观失望，向东方文化寻求出路，已见于前文。

该书正文分为三部分：引言；游戏大师约瑟夫·克乃西特生平传略；约瑟夫·克乃西特的遗稿。

"引言——试释玻璃球游戏及其历史"采用了理论著作开头的形式，似乎逻辑严密，线索清晰，而实际上所谓玻璃球游戏是作者虚构的，东西方历史上从来没有过"玻璃球游戏"，这才是"假作真时真亦假"。引言约占全书不足十分之一篇幅。引言通过介绍玻璃球游戏的历史犀利地批判了德国和欧洲的社会现实：

冷漠的机械主义生活，严重的道德滑坡，国际间的缺乏互相信

赖，艺术的虚假不真诚。

他们以跳舞解愁，声称为未来担忧是老朽们的蠢事。他们撰写音调铿锵的副刊文章，谈论迫在眉睫的艺术末日、科学末日、语言末日。他们在自己用报刊建立起来的副刊文字世界里，怀着某种类似自杀的狂热谈论人类精神的彻底堕落、观念的完全破产，并且摆出玩世不恭或者冷漠的姿态，似乎不仅是艺术、文化、道德以及诚实正直等等，就连整个欧洲乃至"全世界"都已趋于衰亡。因而，凡是健康的人们便多少染上了忧郁症，而原本有病的人则更恶化为悲观主义重症。想要推倒过时老朽，想要凭借政治和战争改建世界及其道德，唯有文化本身先具有真正自我审视能力和纳入新的宇宙秩序的能力才行。

这样的描写，简直是德国现实的新闻报道，纳粹怎敢让德国读者阅读，他们抓捕苏尔坎普是势所必然的。

引言的结尾，借克乃西特之口着重指出，玻璃球游戏的核心内容是古典音乐，还大段引用了《吕氏春秋》的论述，"古典音乐的姿态具有什么意义呢？它意味着对人类之悲剧的认知，对人类智慧、勇敢、乐观的赞同肯定！"

第二部分为"游戏大师约瑟夫·克乃西特生平传略"，约占全书五分之三。本部分集中笔墨叙述游戏大师约瑟夫·克乃西特的一生，共有12章。克乃西特早年父母双亡，十二岁进入拉丁语学校学习。克乃西特以其禀赋聪慧受到音乐大师赏识，受到感召，"首先从内心开始，逐渐发展得让内心与外界互相吻合又互相肯定，最终达到纯粹的和谐统一。"由于成绩优异，他被选拔进入培养大师的华尔采尔学校。在这里，音乐大师指导他学习静坐，"历史上那些真正伟大的人，要么深谙静修之道，要么是不自觉地掌握了静修所导向的境界。"在这里得到第二次感召。不久，在老师帮助下设计了自己独创的玻璃球游戏草图，"在这里发现了一种取之不尽的使内心愉快轻松的精神源泉。"因为在同学中出类拔萃，克乃西特又被选拔参加研究工作，在研究中得到灵感，产生顿悟：

> 我就是在转瞬间的灵光一闪中完全看清了，就像通过一场真诚默修的内视观察所见，它们全都是直接抵达宇宙内部奥秘的道路，在呼与吸、天与地、阴与阳的持续不断交替变化中，完成着它们自己的永恒神性。

在研究工作后期，他曾经到竹林茅舍拜访中国长老，随其学习了几个月，得到点化，后来他称为“开始觉醒时期”。临别，长老用周易为其卜卦，卦象前程顺利。此后，“凡是他认为与自己通往‘觉醒’之路有关的事，无不全力以赴。”随后，他再次被重用，调任玛丽娅费尔修道院。在这里，他得到了智慧老人约可布斯神父的耳提面命，老人指点他如何读历史，区分真假伟人：

> 虚假伟人之能够脱颖而出，在于历史机遇以及他们推测和抓住这个历史关键的本领。有许多历史学家和传记作家，更毋庸说那些新闻记者了，都把他们这种预知和把握某个历史关键时刻的能力称之为一蹴而就的成功，并说成是伟大人物的一种标记。某个一夜之间变成了独裁者的微不足道的下士，或者某个曾经一度控制了一个世界统治者喜怒哀乐的妓女，都是这类历史学家偏爱的角色。

在这里，黑塞借古喻今，把希特勒与妓女并列，发挥了文学的战斗作用，但又让纳粹分子不便明言，读者自然会心一笑。老人教诲克乃西特努力学习，为团体的理想而努力：

> 它们的宗旨是试图凝聚、教育和改造人类的精神与灵魂，使他们通过教育而不是通过优生学，通过性灵改造而不是通过血腥手段，变成高贵的人，成为既能统治也能服务的人。

通过持之以恒的努力，克乃西特被推举为玻璃球游戏大师。退位的大师让他受到启发，自己的未来需要完成“本质性转化”：

> 从世俗人生转向清净世界，从语言转向音乐，从私心杂念转向和谐统一。
>
> 他毕生都是在奉献和工作中度过的，这却是他的自由选择，他毫无虚荣野心，一生充满了音乐，好似他让自己成为音乐家和音乐大师只是使音乐成为人类最高目标的途径之一，那目标就是：内心的自由、纯洁和完善。

再后来，克乃西特被推举为团体的最高长官，主持了以“中国屋游戏”为名的玻璃球游戏年会，涉及了中国周易中的风水术和最精妙的音乐艺术，把玻璃球游戏提高到前所未有的高度。黑塞通过叙述克乃西特与友人的交流，对历史发表自己的观点：

> 历史的唯一内容便是人类的自私自利和无限的权力斗争，他们总是过高地评价这类斗争，把它们吹得天花乱坠，实际上追求的只是残酷的、兽性的物质权力。

世俗世界的纷纷扰扰，无碍于克乃西特的修炼，他追求的是“一生所有目标中最至高无上的目标”：

> 这种快乐既非消闲的嬉戏，也非自娱的玩乐，它是最深刻的认识和爱心，是对万事万物的证实，是面对一切深渊时的清醒，是一种圣贤和侠士的美德，是不可摧毁的，它伴随着年老和接近死亡而更增强；它是美的秘密所在，也是一切艺术的基本实质。

对人世间一切都看透后，如日中天的克乃西特向教会最高当局递交了辞呈，在辞呈中建议教会认清并坚守自己的使命：

我们至高无上的神圣任务是保护保存我们国家和整个世界的精神根基，保护保存业已证明为最有影响力的道德原理，也即正义以及其他种种道理得以建立于其上的真理基础。

他还苦口婆心提醒最高当局目前国家已处于危险境地：

毫无疑问，一种战争意识会很快膨胀起来，标语口号宣传会打动一批青年人。之后，不论是学者、学术、拉丁文、数学、教育，还是文化艺术，统统将视其能否符合战争目的而判定有无存在的价值。

这一段，虽然文字不多，表面写的是中世纪，却是为德国现实写照，纳粹党徒怎不心惊肉跳！

递交辞呈后，克乃西特飘然而去，留下一段传奇，一曲千古绝唱。

该书第三部分为“约瑟夫·克乃西特的遗嘱”，约占全书五分之一。本部分又分为“学生年代诗歌”和“传记三篇”两部分。因为传略部分主要描述克乃西特的修行生活，本部分补叙其学生时代的诗歌，以见其文学才能，特别是那些灵光闪烁的诗句，让读者进一步了解大师的天赋异禀。诸如：

色彩与音响相辅相成。
证明：每一种色彩和色调，
都是对相关音调的答复。

显然是“双极性”主题的滥觞，证明大师思想的其来有自。

这里早已为一切灾难做好准备，
这里有满足求知的一切果实，
不论是幼小学生的胆怯要求，

还是任何大师的大胆探求。
这里提供最深邃、最纯净的思想,
替每一种智慧、诗和科学提供解答。

（张佩芬译）

说明大师从学生时代就在追求终极的精神境界，他的成功不是偶然的。

最后来欣赏他对玻璃球游戏的歌咏：

我们时刻准备在肃静中聆听
宇宙之声和大师的乐音
我们在纯洁文雅的庆典中
召唤天才时代的伟大心灵
我们听任神秘力量把我们提升,
这魔法无边的格式文字,
容纳一切无涯、风暴和生命
统率万象于澄澈的譬喻
黄道十二宫鸣响清脆的乐音
为星座服务是我们生命的意义
没有一颗星星会脱离自己的领域
它们总是运转在神圣的轨道。

（张佩芬译）

这样的境界就是中国禅宗的开悟，中国道教的成仙得道，这时的黑塞已经将东西文化融为一体，达到极高的境界。

“传记三篇”第一篇为“呼风唤雨大师”，是三篇中最长的，简要叙述克乃西特的一生，最后为了公众的利益，视死如归，主动而又平静地接受火刑而死，与传略部分结尾“传奇”所说的溺水而死截然不同，水与火，这是“双极式”死亡。第二篇“忏悔长老”叙述圣僧圣西勒里对青年修士约瑟普斯·法莫罗斯的影响,而约瑟普斯·法莫罗斯是约瑟夫·克乃西特的拉丁语写法。暗喻克乃西特不仅受东方文化的影响,也汲取了伊斯兰文化的精华。第三篇是“印度式传记”,写印度护持神拉摩对青年达萨的影响,达萨则是克乃西特的梵文写法,再次暗喻印度文化对克乃西特的滋养,加上前面的两篇,客观上写出全人类优秀文化造就了约瑟夫·克乃西特,塑造了丰满生动的克乃西特形象,就此结束全书。

总览全书,三大部分有机结合,充满隐喻、象征气氛,极富思辨色彩,最后塑造出道德高深、睿智超群、仙风道骨的克乃西特形象,成就了一部博大精深的长篇小说。

《玻璃球游戏》以其丰富的内容、深邃的思想含量、高超的艺术手法,引起了作家、学者和读者的极大兴趣,而诺贝尔奖的颁布更是推波助澜,引发公众对《玻璃球游戏》的研究兴趣。

作为黑塞的精神兄弟,托马斯·曼很早就对《玻璃球游戏》给予极高的评价,并把它与自己的代表作《浮士德博士》相提并论:“它属于我们这个被鞭挞的和因失败而垂头丧气的时代必须提供的少数大胆、独特而又伟大的构思。”(1947 年致艾希特·卡勒)“我觉得,在所有不同的作品中,《浮士德博士》和《玻璃球游戏》完全是姊妹篇。除了它们之外,那种在我看来虽然不一定最终是伟大的,但与伟大有某种亲和性的作品今天就没有多少了。”(1948 年 4 月 19 日致罗伯特·法埃西)《浮士德博士》被学者称为“忏悔之作,这种忏悔不仅是作者本人的,也是一个艺术家的,一个民族的”。(高中甫等著:《二十世纪德国文学史》)在这一点上,托马斯·曼与黑塞也是不谋而合,以文学形式描述了那个荒诞而真实的时期,举国若狂,像浮士德把灵魂交给魔鬼一样,奉希特勒为救星,酿成巨大的悲剧,给国家、欧洲乃至世界造成不可估量的损失。

在众多研究《玻璃球游戏》的论著中,有许多是德国的学者和作家,他们是误读最多的群落,此所谓“不识庐山真面目,只缘身在此山中”。黑塞 1949 年 3 月给恩斯特·贝楚尔德的信中写道:“大多数德国读者和批评家关于这本书的评论却是令人难以接受的狭隘和愚蠢。”而东德青年学者汉斯·麦耶尔 1961 年的评论得到了黑塞的认可。麦耶尔在为东德柏林出版社 1961 年出版的《玻璃球游戏》专门写了评论，附于书后，题为《黑塞的〈玻璃球游戏〉或重逢》。文中开宗明义指出：该书是"一部写战争年代、写老年、写孤独的著作。"对黑塞概括的"副刊年代"①给予诠释，生动地概括了时代的精神状况："它们产生于一种迅速享用、迅速消失、缺乏想象力和思想准备的公众基础，这些读者满足于短性消遣的小玩意。人们并非从作品中寻求艺术感受、真理教训和震动，而是寻求消遣、陶醉和排除忧愁。"文章题目中的"重逢"指黑塞世界性的视角和立场："他远远越出了自己祖国的领域，而是在伟大的西方音乐经典和伟大的中国诗意哲学中寻找到了最高的表现力。"麦耶尔指出，《玻璃球游戏》不是传统意义上的长篇小说，作者任意调动各种艺术手法，表达内心所要表达的主题，他提醒人们需要特别注意《东方之旅》的主题，注意《东方之旅》引用的诺瓦利斯的名言"我们往何处去，永远回家"；"我们的目标并不局限于一个国家，也没有任何地理限制，而是寻求灵魂的故乡和青春，它们无处不在，却又处处皆无，它们是一切时代的统一体。"

麦耶尔特意引用了黑塞借后代历史学家之口对"玻璃球游戏"的定义：

> 凡是人类在其创造性时期所生产的一切知识、高贵思想与艺术作品，直至继而产生的学术研究以及它们转化成的精神财富，都是游戏的内容，玻璃球游戏者以这种汇集了一切精神价值的巨大物质做游戏，好似一个风琴手演奏管风琴，它的键盘和踏板探索着整个精神宇宙。

依据这一定义，麦耶尔认为《玻璃球游戏》与托马斯·曼的《浮士德博士》、乔伊斯的《尤利西斯》、穆齐尔的《没有个性的人》、赫尔曼·勃洛赫的《维吉尔之死》都是"玻璃球游戏"，总而言之，它们属于世界文学史上的顶级之作。

① 副刊年代，黑塞自己命名的概念，指 20 世纪，特别指两次世界大战时期。

作为德语文学的领军人物，托马斯·曼一而再再而三地表示对黑塞作品尤其是《玻璃球游戏》的钦佩和推崇，1945 年 11 月 15 日，他写信给瑞士学者罗伯特·法西说："黑塞的《玻璃球游戏》是一部令人神往的老年著作，奇思妙想，手段巧妙，伟大而壮丽——一句话，德语(文学)的典范。我十分钦佩。"1947 年已定居美国，就任普林斯顿大学客座教授的托马斯·曼为《德米安》英译本撰写前言，再次写道："最伟大的例子是那部高尚的、汲取了东方和西方人类文化的所有源泉写成的巨著《玻璃球游戏》……它把心纯真地提高到一个全新的、精神的，甚至是革命的阶段——不是直接的政治或者社会意义的革命，而是一种灵魂的诗性意义上的革命：以纯正和忠实的艺术方式预示着未来和感受着未来。"

托马斯·曼的评价有两个画龙点睛之处，一是指出《玻璃球游戏》"汲取了东方和西方人类文化的所有源泉"，二是指出它对未来的作用。当今弥漫于全球的"娱乐至死"、文艺作品泡沫化之风，正是黑塞概括的"副刊时代"的根本特征，是黑塞在半个世纪前就批判过的，他对未来的洞察力让后人叹服，他对人类未来命运的担忧，克乃西特三篇传记都以自我牺牲的方式为公众献身，细思极恐，当代人类实在需要珍惜现在，好自为之！

1952 年，入籍美国已属暮年的托马斯·曼选择定居瑞士，这是基于他与黑塞的友谊，以方便朝夕过从。

法国作家纪德是 1947 年诺贝尔文学奖得主，他一直是黑塞的推崇者。1947 年 7 月，他在日内瓦一个国际性文学会议上发言说："黑塞的全部著作全都是一种诗意的奋斗，要把人类从一切矫揉造作中解放出来……在一个人向他人推荐这种纯洁正直时，这个人必须自身业已具备这一德性。黑塞通过自己的纯粹人性而达到了这一境界。他是一位如此深刻而彻底的德国人，首先由于他远离德意志祖国，他才能够保护自己的纯洁正直性。"

1961 年，美国学者约瑟夫·弥勒克发表《〈玻璃球游戏〉中的名字》，考证了该书中几乎所有重要的人物名字，很像中国研究《红楼梦》的"索隐派"。他考证出，约可布斯神父的原型是瑞士历史学家约可布

·布克哈特，弗里兹·德格拉里乌斯的原型是弗里德里希·尼采，老年长老是黑塞的自画像，如此等等。

美国学者西奥多·楚柯夫斯基 1969 年在为《玻璃球游戏》写序言时，发现了黑塞历经磨难而修炼所得的幽默才能。虽然已离世的黑塞不能表示首肯，却可以与黑塞的言论相印证："幽默是一种结晶，唯有在深邃而持久的悲哀中才会结晶。"

苏联学者瑞索·卡拉勒斯威里 1971 年发表《约瑟夫·克乃西特之死》一文，明确指出："倘若要从中列举出最重要的内容，那么首先便是双极性思想。……克乃西特的生平因而不单纯是他个人的历史，而是由无数存在的长链组成的变化多端环节中的一环，人类精神发展的连续性过程就由此构成。"

另一位苏联评论家弗拉基米尔·赛德尔尼克则看到了《玻璃球游戏》对人类未来的意义，他在《游戏与生活》一文中指出："《玻璃球游戏》不是一部普通意义上的长篇小说。它是一种哲学上的乌托邦设想，纳入了种种譬喻和寓言，把当代文化命运的诸多问题转换成了遥远未来世界的现实，以便详尽彻底地予以探究。"

在日本，黑塞是被读者阅读最多的欧洲作家。日本学者伊田文雄指出了中国文化对黑塞的影响："尽管黑塞把克乃西特塑造成行动着的英雄，却仍然同时保存着中国式隐士的静思态度。人们必须把《玻璃球游戏》一书理解为介于行动和静观、欧洲和亚洲之间的一座桥梁。"

黑塞作为独立作家，对社会主义与资本主义两大阵营都持严厉批评的立场，而两大阵营都对他的作品给予高度评价，这实在是很有趣的文化现象。

以《玻璃球游戏》文本的多义性，在未来必将有更多的对其进行研究论著发表。中国学者对它的研究则详见下文。

二十七、进入获奖季

这一奖项以歌德的名字命名,得奖者从一开始便感到不配与他相提并论。这之前的大多数获奖者肯定也与我有同感。我们这些无寄托时代的孩子,既不能与作为诗人的歌德,又不能与作为人的歌德相比。

——歌德奖答谢辞,1946 年 8 月

荣誉毕竟只是积聚在一个新名字周围的一切误解的总和。

——里尔克《奥古斯特·罗丹》,1902

1945 年夏,随着希特勒的败亡,第二次世界大战的结束,黑塞不仅结束了对德国流亡者的救助,自己的生活与写作也恢复了正常,心理得以放松。由于黑塞持之以恒的鲜明的反战立场,他巨量而优秀的文学作品,得到欧洲和全球公众的一致认可,从 1946 年下半年开始,各种荣誉不期而至。

1946 年 8 月 28 日,获得法兰克福市歌德奖。

1946 年 11 月,获得诺贝尔文学奖。

1947 年,瑞士伯尔尼大学授予黑塞荣誉博士头衔。

1950 年,获得西德不伦瑞克威廉·拉贝奖。

1955 春,西德总统授予黑塞和平勋章。1955 秋,获得德国图书业和平奖。

1956年,黑塞家乡德国巴登－符腾堡州设立黑塞文学奖。8月,苏黎世成立托马斯·曼学会,黑塞被推举为荣誉创办人。

1957年5至10月,德国马尔巴赫市席勒国家博物馆举办黑塞展。

1962年7月,成为蒙塔诺拉市荣誉市民。

对于各种荣誉的到来,黑塞采取了一种超然的态度,他没有置之不理,给予正常的回应,但内心并不激动,因为这一切都在他的预料之中,也在他的朋友们预料之中。这就是智者的高度。他的这种态度与德国诗人里尔克不谋而合。里尔克在《奥古斯塔·罗丹》一书开篇就写道:“罗丹在获得荣誉之前是孤独的。荣誉的到来,也许使他更加孤独。因为荣誉毕竟只是积聚在一个新名字周围的一切误解的总和。”德意志是一个擅长哲学思维的民族,其中的佼佼者对事理的理解经常让世人脑洞大开。

人怕出名猪怕壮,中外皆然。相伴荣誉的到来,是陡然而来的社会活动、采访、来访、来信,也有捕风捉影的攻讦,使晚年的黑塞难以承受。1949年底他在写给自己小学同学的信中叫苦不迭:“这种永远被公众舆论、报刊、国家和国际社会用世界观的、人道主义的和政治的纲领进行的攻击,简直是……说白了就是一种不幸……许多人因此而被毁灭,也许有些人雇用几个女秘书,建立一个反对这种日常冲击的事务所——但是,这对于一个终生仇恨例行公事的人来说,恰恰意味着投降和背叛。”秉持这样的态度,回信成了晚年黑塞最主要的工作,据德国学者米夏尔斯研究,黑塞至少回复了35000封来信,他一丝不苟的工作态度让读者和来者肃然起敬!随着电脑和手机的普及,这样的工作量可能是前无古人,后无来者。

黑塞通信的内容是应有尽有,林林总总,大至人类的未来,小到个人的私事。涉及的对象也是三教九流,无所不包,大到文学艺术大师,小至小学生。

1946年3月9日,他写信给格奥尔格·莱因哈特,谈到写作体会:“您以为,诗人可能通过写作中获得的才能和熟练使自己从某种经历和负担中解放出来。确实会存在类似的情况,在简单的谈话和坦白什么的时候能够有某种减轻罪责的感觉，但这并不需要艺术家的手段，最简单的忏悔或者告知一位信赖的人，会像最好的诗一样起同样的作用。相反，艺术家通过自己的谈话把经历提高到觉悟层面，虽然只是一部分（永远不会是全部），但是大多数经历所起的作用，对他来说只是为了强化那种经历而不是化解它。”

黑塞亲身经历了两次世界大战，第一次世界大战时，他是德国人；第二次世界大战时他成了瑞士人，但反战的立场是一以贯之的，他关于战争的通信很有意义。1919 年，一位德国青年因为绝望写信向黑塞求教，黑塞直率地批判了德国人的错误：“我们这时代的人，我们德国人以及所有的人，都学会了这种要命的艺术，自己过得不好时，总在别人那儿找过错。我反对的仅仅是这个，我责备的也仅仅是这个。我们的信仰如此脆弱，我们爱戴的神如此凶残，我们无法分辨战争与和平、无法分辨善恶对错，在这一切上面，我们大家同样有过错，也同样无过错。您和我，皇帝和牧师，我们大家都参与了，彼此不必互相责备。”虽然黑塞从战争一开始就是反战的，他仍然和大家一起反思战争的责任，并没有置身事外，更没有标榜自己的高明。

1947 年 1 月，黑塞收到一位日本青年作家的来信，他崇拜黑塞和他的作品，认为黑塞是“一个捍卫真理的英雄和殉道者”，欧洲优秀文化的代表，而有的人把黑塞当成伤感作家。黑塞回信告诉他，对于西方传统的继承，战后欧洲做得很好，“而这一点不管是日益壮大的苏联或蒸蒸日上的美国都无法相比。”他自己不值得崇拜。黑塞建议他不必把欧洲文化看得那么重要，倒是应该下功夫研究佛教中的禅宗：“我对禅宗十分尊崇，其程度远远超过对您那有着欧洲光泽的理念。禅宗是精神和心灵最好的学校之一，这一点您比我更清楚，我们西方只有很少几种传统能够与之相比，而这些传统在我们这儿也没能很好地保持住。”最后，黑塞提醒青年人：“从事文学写作的人应当相信光，他应当通过无可辩驳的经历而得知光的存在，尽可能对它采取开放的态度，但是不应该认为自己是光明的使者、是光明本身。”这长者之言，所有写作者，尤其是当代中国作家应该三复斯言！

在黑塞漫长的生涯中，他不仅收到请教或赞颂的信件，也有大批的攻击和辱骂的信件，给予他深深的刺激。1947 年 4 月 2 日，他在写给奥拓·哈特曼的信中谈到这种情况："本来我可以从来自德国的信件中（那些写信的人有些就是我多年来一再赠给他们东西的人）挑选一些编一本书信集，这本书必定会诱导每一个读者希望把整个德国放到水下淹 10 分钟。可是，那些信件都让我烧掉了，一捆一捆地烧了，因此一些美好的、感人的也有些令我们感到羞愧的信件被光荣地保存下来了。"

黑塞去世后，德国学者米夏尔斯夫妇在黑塞之子海纳尔·黑塞协助下编成四卷本《黑塞书信全集》，第一卷 1895 至 1921 年；第二卷 1922 至 1932 年；第三卷 1933 至 1945 年；第四卷 1946 至 1962 年。书信全集的编成，了却了黑塞的一大心愿，也给后人研究黑塞提供了第一手资料，可谓功德无量！

二十八、黑塞与中国

多次审视之后，我必须说，有三种强大的因素终身影响着我，完成了对我的教育。其一是家庭里的基督教精神和完全非民族主义的氛围，其二是伟大的中国哲人的书，其三是我唯一信任景仰感激的历史学家雅各布·布克哈特。

——《战争与和平》新版前言，1946 年

"黑塞与中国"，这是一本书的选题，甚至应该出一套书。正是这样的主题，引起了我对黑塞的注意，那是在本世纪之初，从那时开始，我阅读黑塞的作品、黑塞的传记，开始对他作品的研究、评论，写笔记，写评论，今天撰写他的传记。

黑塞对东方、对中国的兴趣，幼年受到其外祖父赫尔德·龚德尔特和父母的影响，他们都在印度做过传教的工作，他父母也是因为在印度传教由相识而相爱，喜结连理。黑塞的父亲约翰尼斯·黑塞对中国文化很有兴趣，1914 年出版过《老子独白》。他的表弟威廉·龚德尔特是一位日本学家，翻译了禅宗名著《碧岩录》和《禅学圣经》。可以说他整个家族都与东方、与中国密不可分。

1904 年，他与玛丽娅刚结婚，移居博登湖畔的盖恩霍芬，就在书房建立"中国角"，专门收藏有关中国的书籍，内容涉及中国简介、哲学、宗教、历史、小说、诗歌、绘画、民间传说等等。

黑塞见诸文字的关于中国的文章始于 1907 年。这一年 11 月 27

日，他在《慕尼黑报》副刊“雅典神殿大门”发表《中国笛》的评论，《论〈中国笛〉》。《中国笛》是汉斯·贝特格主编的中国古典诗集，由德国岛屿出版社出版。贝特格不懂中文，他只是把他人翻译的德文本进行润色改写，被中国学者陈铨认为“始终是德国诗，不是中国诗”（《中德文学研究》）。就是这样一本书，仍然给黑塞留下了极深的印象，称之为“一本惊人的书”，给他印象最深的诗人是李白：“李太白用他的诗句形成了顶峰，一位忧郁的豪饮者和爱心大使，诗歌表面光彩夺目，内里却充盈着无法安慰的悲哀。我们流连异国情调纯美莲花装饰之间，总是有种感觉一再油然而生，让我们想起古希腊人，古意大利人和中世纪德国骑士诗人，想起那种无拘无束的无限人性。”这段文字虽然不长，却可以看出青年黑塞敏锐的艺术感觉，李白确实是中国古典诗歌的顶峰，他“五岳寻仙不辞远”的漫游引起黑塞深深的共鸣，后来径直把他写进了《克林梭尔的最后夏天》。

在中国古典哲人中，黑塞接触最早、最为崇拜的是老子。也是在《论〈中国笛〉》中黑塞提到，岛屿出版社送给他亚历山大·乌拉尔编译本《道德经》。他父亲也是老子的崇拜者，1907 年把他的注意力吸引到老子身上。1910 年，他阅读了尤里乌斯·格里尔翻译的《道德经》，并撰写了书评。老子充满辩证法的思想启示了他后来的“双极性”思想，其箴言般的文体、活泼的文风也让他甘之如饴。他在文中写道：“受到介绍的限制，一般欧洲人认为中国哲学奉行中庸之道，而老子哲学因其生动活泼，乍一看来几乎不像中国思想，在众所周知的远东思想家中，并无一人像老子那样在伦理观念上使我们西方雅利安人感觉亲近和关系密切。”在这篇文章中，他引用了《道德经》原文：

> 信言不美，美言不信。善者不辩，辩者不善。知者不博，博者不知。圣人不积，既以为人己愈有，既以与人己愈多。天之道，利而不害；圣人之道，为而不争。

这是《道德经》结尾的几句话，胸怀博大，言简意赅，蕴含丰富，闪耀着辩证法的光辉,其中就有"双极性"义蕴,可见黑塞"双极性"思想之滥觞。

老子之后,黑塞很快注意到了孔子。1909 年他发表《孔子》一文,向欧洲读者介绍孔子的《论语》:"这本读物并不轻松,人们一再感觉正在呼吸一种陌生的空气,与我们日常习惯的生活方式和相互关系全然不同。然而我并不后悔为这部《论语》花费的光阴……因为我们对自己的个人主义文化也必须不时从对立角度予以比较、观察,而不能一味地认为理所当然。"在大多数欧洲人歧视中国文化的时代,黑塞以其睿智和敏感看到个人主义文化的弊病,注意从异域文化中汲取智慧。黑塞能有后来的成功和修为绝不是偶然的。

老子、孔子之外,庄子也是黑塞最感兴趣的中国圣贤。从精神维度上说,以老庄为代表的道家思想,追求精神自由,清静无为,和世俗价值标准保持距离,同黑塞更为契合无间。1945 年,黑塞在其名篇《最理想的读物》中,以感恩的口吻谈到道家思想、中国文学对他的重大帮助:"到那时(指 1907 年)为止,除了了解吕克特改写的《诗经》之外对中国文学一无所知的我,通过卫礼贤和其他人的译本知晓了一些东西,假如没有这些认识我甚至不知该如何生存——智者和善者的中国道家理想。……我绝未料想到,竟有如此奇妙的中国文学,如此特殊的中国人和中国精神,使我从 30 岁以后不仅热爱和尊重,而且还越出界限,让中国成为了第二故乡和精神避难所。……我既不识中文,也未曾到过中国,却有幸通过自己的想象寻找出一种精神气息和精神故乡而陶醉其中,如同我以往醉心于自己与生俱来的母语世界的著作里一样。"(1945 年 4 月 7 日《新苏黎世报》)

除了对道家思想的认同外,黑塞对中国圣贤文章的质朴极为推崇,对《庄子》别有会心。在《最理想的读物》中,他写道:"这些中国圣贤和智者,不论是壮丽的《庄子》,不论是《礼记》或者《孟轲》,他们的叙述都与西方慷慨激昂者相反,他们都惊人的简单质朴,他们接近普通人和日常生活,他们从不飞扬跋扈不可一世,他们乐意生活于一种隐姓埋名的朴素状态,他们所采用的表达方式,总是一再让人们感到吃惊,又同时感到高兴。”黑塞用“壮丽”来概括《庄子》堪称画龙点睛！对于《庄子》，明代大儒方孝孺说：“庄子神于文者，非工于文者所可及。”鲁迅说“其文汪洋辟阖，仪态万方”，黑塞的“壮丽”二字与他们的概括是暗合的，涵盖了气魄弘大和文字美丽两个方面，让我们再次见识了黑塞艺术感觉的敏锐。

1911 年，黑塞在《谈谈中国》一文里，再次谈到《庄子》对自己的启发：“我过去仅仅对佛教的以及从佛陀学说转化的古老东方哲学思想有所了解，而这本奇妙的书却给予我绝对全新的认识价值……东方知识不会把我们导入陌生歧途，而会给我们一种愉快的经历，我们早就该把它们视作自己的优秀财富来深深珍爱了。”

老子、孔子、庄子之外，黑塞对《周易》、《诗经》、《吕氏春秋》、李杜的诗都下过很深的功夫，并运用到《玻璃球游戏》《克林梭尔的最后一个夏天》等的写作中，已见前文，不再赘述。他还对《聊斋志异》很感兴趣，称之为“中国文学自《诗经》和《庄子》之后最富于诗意价值的著作”。他还写过短篇小说《周幽王》，铺陈“烽火戏诸侯”的历史故事。

黑塞与中国人的接触始于 1911 年印度之行。本年 9 月，他与画家汉斯·施图尔岑贝格结伴，开始向往已久的东方之行。通过旅途中接触到的中国人，他发现了中华民族的伟大，进一步理解了中国文化的伟大。他在 1911 年底写信给康拉德·豪斯曼说：

> ……印度人在整体上没给我留下什么印象，他们和马来人一样孱弱而没有前途。只有中国人和英国人给人留下了绝对强大和前途远大的印象。荷兰人等都没有。

1912 年 1 月 6 日，他又在写给路德维希·托玛的信中说中国人为“我见到过的第一个真正具有高度文化的民族”。这次旅行，他还写下了《致一位中国歌女》和《新加坡华人的节日之夜》两首短诗，记录华人留给他的美好而深刻的印象。1915 年 2 月 5 日，他再次写信给豪斯曼，还把中国与日本进行了比较：

我坚定地相信,即使是屈从,随着时间的推移中国人的精神也将战胜日本人的思想。在一切美好的、宁静的、深刻的、具有忍耐性的美德方面(这些美德如今在欧洲不受重视,而在中国却已经有6000年历史了),中国都居高临下……

第一次世界大战以后,一盘散沙的中国受到西方列强的欺凌,黑塞对此深为中国抱不平,他提醒西方人要看到中国在文化、精神方面的强大和可怕。1921年12月25日,黑塞在《新苏黎世报》发表《中国思考》一文,着重强调了这一点:

中国虽然在武器制造和政治上孱弱,但却在生活上、在精神上、在最古老的文明方面非常富有。

……在过去的二十年里,这个古老的、睿智的、此前几乎没有几个学者知晓的中国通过其古老书籍的译本,通过其古老精神的影响开始占领我们。……我们在古代中国,尤其在老子身上看到了对一种我们曾经过分忽视的思维方式的提示,在那里,我们看到那些由于我们心有旁骛而长期不再关注的力量得到了保护和认知。

正是在中国文化特别是老子思想的启示下,黑塞寻觅到"双极性"思想,在自己受益之后,推而广之,以文学的形式表达在《玻璃球游戏》中,希望世人也受益。在艺术上,在庄子、禅宗思想的滋润下,将东西方艺术精神融会贯通,丰富、强化了自己风格独特的叙事艺术。

黑塞作品在中国大规模的传播是新时期以来的事情。新中国成立之前,改革开放之前,对黑塞作品的翻译是零星的,影响也很小。一个有意思的现象是,黑塞作品的出版、接受,大陆落后于台湾。台湾早在新中国成立前就推出了多卷本黑塞作品集。

在黑塞最初被介绍时,因为没有先例,他的姓名、作品名就有很多种译法,如海尔曼·海塞、海赛、赫塞等,现在统一译为赫尔曼·黑塞。他的作品名,《彼得·卡门青》亦译《卡门青》,《荒原狼》亦译《草原狼》。《玻璃球游戏》亦译《玻璃珠游戏》,这些情况是读者诸君在阅读黑塞作品时需要注意的。

黑塞作品的系统翻译出版始于1998年,上海译文出版社推出五卷本《黑塞文集》,包括了《在轮下》《纳尔齐斯与歌尔德蒙》《荒原狼》《玻璃球游戏》四部长篇小说和《黑塞散文小说选》。2009年,上海人民出版社又一次推出黑塞作品四种:《悉达多》《德米安》《盖特露德》和《罗斯哈尔德》。2013年,上海三联书店推出14卷《赫尔曼·黑塞作品集》。黑塞的散文、诗歌、文艺评论也不断被翻译出版。黑塞的书信、绘画迄今尚未见翻译出版。

中国学者对黑塞作品的研究也是发端于新时期。旅德的华人学者夏瑞春教授最早推出《黑塞与中国》一书。张佩芬研究员2006年出版《黑塞研究》。马剑副教授2010年出版《黑塞与中国文化》。这是几部有分量的黑塞研究著作。此外,研究黑塞的论文也有增多的趋势。

国内学者撰写的黑塞传记有王滨滨的《黑塞传》(2007年)。德国学者米夏尔斯的《黑塞画传》2008年被引进出版。总的说来,黑塞的作品在中国虽不如歌德、海涅、托马斯·曼等知名度那么高,却有一批很痴迷的读者,以知识分子居多,他们之间的交流很深入。以黑塞作品的思想含量和艺术含量,他与中国文化的密切关系而言,这一趋势预计将持久地延续下去。

二十九、功德圆满

他已变成一个中国人，却没有终止成为西方人，嗯，甚至仍旧是一个施瓦本人。

——基尔希霍夫《黑塞生平简传》，时间不详

1943 年《玻璃球游戏》出版时，黑塞已 66 岁，因年事已高，此后再无大部头作品出版。

1945 年希特勒败亡，第二次世界大战结束，此后，黑塞获得诺贝尔奖等各种荣誉，受到全球读者的关注。

晚年的黑塞，在写作上，主要是答复来自全球的读者来信，不时写随笔、散文，另一方面就是应出版方的要求整理旧作，满足读者的需求。

1945 年，黑塞在战后恢复和出版界的合作，在苏黎世弗里兹和华斯莫特出版社出版长篇小说片断《贝尔霍特德》、散文集《梦之旅》和诗集《花枝》。

《贝尔霍特德》取材于 15 世纪 30 年战争的历史，创作于 1907 年，只写了三章，是三个各自独立的故事，后来一直没有续写。

1945 年，黑塞出版散文集《梦之旅》，收入散文 12 篇，书名取自书中第一篇文章的篇名。该书献给画家恩斯特・毛根塔勒，感谢他 1945 年 6 月到访黑塞屋，并为自己绘制多幅肖像。这本集子内容以忆旧为主，其中《魔术师的童年》《生平简述》是其两篇珍贵的自述，文笔坦诚而朴实。《梦之旅》写一位作家的经历和梦想，其结尾是这样的："这位作家

一整天都在想着他的梦，越深入梦里，就越觉得这梦美，超过最好的诗人的诗。有很长一段时间，他总希望能把梦写下，写得不但自己满意，也要使别人感觉到它的美丽、深沉、诚挚。后来他就放弃了这希望，也不再尝试了。他知道，他必须满足于此：心灵上做一个真正的诗人，一个梦想者，一个先知，而他的技艺只允许他做个作家。”学者们认为，这是黑塞的文学性自白，文章以梦想的形式构思，颇有“庄周梦蝶”的意味。这段话含蓄地表达了创作实际与作者理想的差距，这可能是所有作者的体会。对于这种状态，黑塞还说过这样的话：“凡是有价值传授，却无法完整传授的东西，均为永恒存在的真理。”这让笔者想起中国古人的话：“只可意会，不可言传。”

《花枝》是献给姐姐阿黛莱的，当时德国被盟军占领，黑塞思念姐姐而不得相见，以此表达姐弟之情。阿黛莱比他大两岁，嫁给了一位“忏悔教会”牧师。黑塞在后来的文章中这样谈到姐姐：“在我们当中只有阿黛莱把父母双方的遗传和谐地融为一体：浅蓝色眼睛的父亲的北方人气质，黑色眼睛的母亲的光芒四射的气质，她在倾心相爱时有取之不尽的热情和追求。而他们双方的阴暗面，危险和深不可测，他们对忧郁和缺乏生活乐趣毫无抵抗能力，尽管阿黛莱的高贵本质也十分脆弱并且容易受到伤害，但看起来这些东西似乎对她没有丝毫影响。”《花枝》取自书中一首诗，唯美、温馨，特别适合献给姐姐：

盛开的花枝
随风摇摆，
我的心好似儿童
上下跃动
在光与暗交替的日子里
在欲望和放弃的夹缝中。
直到花儿凋谢
果实结满枝头，
直到我的心愿餍足童稚，

寻得了憩息

并且感悟：行乐而不赠予

是生活的惶恐不安的游戏。

1946年，黑塞又出版了三本书：瑞士克拉森出版社《感谢歌德》，德国苏尔坎普出版社《欧洲人》，瑞士弗里兹和华斯莫特出版社《战争与和平》，这一时期似乎对“三”特别感兴趣，崇拜老子的黑塞也可能想到老子“一生二，二生三，三生万物”的话吧。

《感谢歌德》收入黑塞不同时期关于歌德的五篇文章，《感谢歌德》《关于歌德的诗》《论歌德诗歌》《论〈威廉·麦斯特的学习年代〉》和《歌德与贝丁娜》，书名取自首篇文章。该篇写于1932年，起因于罗曼·罗兰约稿，为《欧罗巴》杂志“歌德专号”而作。文章强调了歌德对自己终生的重大影响。文章指出，歌德不是自己最喜欢的诗人，“凡是我喜欢的诗人，没有哪一个给我造成了严重问题，并且成为道德上的重大障碍。我不需要同他们中的任何一个人进行斗争和辩论，但是，却必得再三同歌德进行思想交锋和对话，《荒原狼》里的例子便是其中上百个例子之一。”黑塞比较分析了智者歌德、诗人歌德与文人和导师的歌德三种角色：“各种矛盾都统一在这个对于我来说是最高的歌德形象身上了。这个形象既不用片面的阿波罗的古典主义，也不用寻求地母的幽暗的浮士德精神把自己遮起来。它恰是存在于双极性之中，存在于处处和无处之中。”这时，黑塞明确地提出了“双极性”概念，指出了歌德思想和艺术的博大精深。他还对歌德喜欢中国文化表示认同，为之欣喜不已：“我对中国人的古典作家怀有一种特殊的爱，我觉得，智慧长有一副中国的面孔，歌德也是这样。因此，当我知道歌德果真多次研究过中国，并写过《中德四季晨昏》的奇妙组诗时，我感到一丝欣喜。”

《欧洲人》是苏尔坎普出狱后为黑塞出版的第一本书，当时出版社还没有完全走上正轨，以此作为友谊的纪念。该书收入《欧洲人》《里奇日记》《致阿黛莱》和几篇文章。《欧洲人》写于1918年，是讥讽欧洲人的短篇小说。该书的主旨是反思战争的起因。

《战争与和平》出版于1946年12月，献辞为："纪念亲爱的罗曼·罗兰"。该书与托尔斯泰那部长篇小说同名，内容却是23篇关于战争与和平的政论文章。其首篇文章《啊，朋友，不要这种声音》是第一次世界大战开始时德国第一篇反战文章，使黑塞成为众矢之的，与罗曼·罗兰先期发表的名文《超乎混战之上》遥相呼应，结为异国知己，成为终生挚友。末篇为新作《寄往德国的一封信》，批判"（德国）所有那些写信的人都不认为自己和希特勒政权所犯的罪行有什么干系……他们没有一个人表示悔意，表示当初受到蒙骗"。而黑塞回信的这位不是这样，他是极少数，"在极端困难、在受苦受难的年代里，找到了通向内在之路，通向世界之心的道路，他们见到生命里超越时间的真实"，黑塞为此感到欣慰，"正是这样的事物，让我得知真正的精神上的德国仍然存在……请保护好这初萌之芽，请忠于这光、这精神，你们人数很少，却或许是世上的精华。"1947年与托马斯·曼劫后重逢时，黑塞把《战争与和平》赠给素所敬重的精神兄长托马斯·曼，托马斯·曼则回赠他《浮士德博士》。

1948年，应长期资助自己的华斯梅尔夫妇之请编选《黑塞早期散文集》，由瑞士弗里兹和华斯莫特出版社出版。该书收入《午夜后一小时》《关于诺瓦利斯》和《赫尔曼·劳希尔》三篇文章。

1949年，应德国图宾根莱纳尔·温特利希出版社之邀，编成《盖尔贝绍故事》两卷本，全部为旧作，第一卷19篇，第二卷18篇。这里的"盖尔贝绍"代指卡尔夫，实际是"故乡旧事"。该书所收均为第一次世界大战前作品，既有小说，又有散文，充满温馨、怀旧气息，幼年同窗恩斯特·莱因华尔特和奥拓·哈特曼协助他完成了编选工作，作为他们幼年时代的纪念。黑塞在序言中写道："它们无处不在，即使没有写明是施瓦本，人们也能辨认出来，因为所有的图景，连同成千上万种形形色色的事物，都曾一度以原始图景呈现给那个男孩，它们并非任何一种'故乡'概念，却恰恰因而让我终身真切而满怀感恩之情地记住了所有图景，它们帮助我形成了自己的世界图像。如今，它们比往昔我青春年少时还更为深沉而美丽地照耀着我。"

1951年3月，黑塞在苏尔坎普出版社出版《晚期散文集》、《书信集》。《晚期散文集》收入散文11篇，内容均为忆旧，娓娓道来，隽永耐读。在《中断的课时》一文中，黑塞谈到自己的艺术探索："从《德米安》直到《东方之旅》，我的文学之路越来越脱离传统的美的叙述方式。当我今天还想试着写些小东西时，写写与世隔绝的体验时，一切技巧都从手指间流水般消失了，我的亲身体验几乎像魔鬼施加了法术一样变得具有多种声部、多种意义，复杂而难以看透。"

1952年，是黑塞75岁寿诞，苏尔坎普出版社慷慨推出六卷本《黑塞文集》。

1953年3月，黑塞的小妹玛鲁拉去世，至此，他的兄弟姐妹均已离世，他成为唯一健在者。

1954年，弗里兹和华斯莫特出版社出版《黑塞和罗曼·罗兰书信集》，让读者了解两位文坛巨匠的友谊和交流过程。

1957年，黑塞八十大寿，苏尔坎普出版社再次推出七卷本《黑塞文集》，煌煌6100页，以此表达对老作家的祝贺。在同一年联邦德国书展上，《黑塞文集》成为最受读者关注的书籍，西德总统台奥多·豪伊斯亲自向彼得·苏尔坎普表示祝贺，称赞他们的巨大贡献。这位西德总统是黑塞的布衣之交，希特勒上台之前，他是柏林大学的讲座教授兼《帮助》杂志文字指导，纳粹剥夺了他的职位，1936年10月6日，迷茫之际，他写信给黑塞说："将来能不能再见呢？柏林将不会吸引您了，对我们这样的人来说，由于各种原因世界已经把自己封闭起来——可能有很多人类的和实际的问题要商谈。"世事沧桑，这时他成为西德总统，他自然知道黑塞文集的文化价值。1946年，黑塞获得诺贝尔奖时，豪伊斯就曾撰写《感谢赫尔曼·黑塞》的文章。

黑塞到了晚年，才真正过起隐士一样的生活，偶尔写一点短小的作品，含饴弄孙，外出度假，与老朋友相聚叙旧。风景优美的锡尔斯·玛利亚，是黑塞每年的避暑之地，据瓦尔斯豪德旅馆记录，1949至1961年间，黑塞居住了370天。在这里，1950年、1954年两次与托马斯·曼见面。总统台奥多·豪伊斯也来这里拜访过。法兰克福学派的理论家台奥多·W.阿多诺也来拜访过。许多媒体记者来这里采访过他。

由于年事已高,黑塞已对接待来访力不从心,他在住所门口挂出一个牌子,上面写着:

孟夏语录

倘若一个人老了
完成了自己的存在
他有权利静静地
和死神结成朋友。
他不需要有人来看他。
他熟悉他们,也已经看够。
他需要的唯有寂静。
去访问这种老人,和他说话,
用闲话折磨他,
这很不合适。
离开他住房的门口,
走过去,
就像走过无人的房屋。

这里的孟夏是黑塞虚构的人物,文体模仿了《道德经》,幽默地表达自己的无能为力。

晚年的黑塞依然对中国文化兴趣浓厚。1960 年春,黑塞在收音机中收听了华人钢琴家傅聪演奏的"肖邦晚会",兴奋不已,写信给友人分享感受,以往的演奏"极少符合我心目中的肖邦","不消几分钟,我对这位名不见经传的中国音乐家已满怀敬意,随即更是由衷喜爱,他把自己的演奏实现到了极致……当我聆听这位音乐家演奏时,我也时不时觉得亲眼目睹了一位来自东方的男子,当然不是傅聪本人,而是一位我幻想、杜撰和梦见的人物。他似乎来自《庄子》或者《今古奇观》,他的演奏如有神助，在‘道’的精神引领下，由一只无拘无束的虔诚之手所操纵，就如同古代中国画家运用毛笔一般，他们绘画或书写时挥洒毛笔的感触与我们在同样极乐时刻所感完全类似，自感正领悟宇宙真谛和生命的意义。”随即，以《致一位音乐家》为题发表于《新苏黎世报》上。黑塞的感悟力让世人叹服，傅聪自幼受父亲傅雷影响，阅读了大量的古代典籍，才能如此精妙地诠释肖邦，包括其他欧洲古典音乐。到了20世界70年代，傅聪得知这一故事时非常感动，异国有知音，可惜黑塞离世已久，“怅望千秋一洒泪，萧条异代不同时”，傅聪与黑塞终不得相见！

1960年，黑塞表弟威廉·龚德尔特花费十二年翻译的禅宗名著《碧岩录》出版，黑塞很快在10月3日《新苏黎世报》发表书评，热情地向读者推荐。

1961年，黑塞应苏尔坎普出版社接班人翁塞尔特之邀，亲自编选的第五本诗集《阶段》，由苏尔坎普出版社出版。前面一半为1895至1941年旧作，后面为新作。这也是黑塞生前出版的最后一本书。翁塞尔特也是黑塞的崇拜者，他1951年以《赫尔曼·黑塞的诗人职业观》获得博士学位，随后进入苏尔坎普出版社。1959年3月苏尔坎普去世，他接任社长。

1962年7月2日，是黑塞85岁生日，蒙塔诺拉市授予黑塞“荣誉市民”称号，为老人增添了喜庆气氛。

8月8日，清晨，黑塞照例与妮侬夫人到林子里散步，在走过一棵槐树时，他随手扯下一根枯枝，喃喃自语说：“它还在这里。”回家后即以枯枝为题写诗，傍晚时已改了两次。晚餐后，以他们的习惯，夫人还为全家人朗读了两种诗稿。随后黑塞上楼就寝，还把枯枝带回卧室。一夜无话。

次日清晨，家人发现老人已安然去世，手里还握着那根枯枝。写字台上，是那首诗稿：

裂枝的嘎鸣

折裂的树枝，
经年独垂，

它在风中奏起高亢的歌，
叶已落尽，皮已毁摧，
光秃，苍白，生事已倦，
死复难期。
它的歌声亢硬苍劲，
倔强而隐怀凄惶，
再唱一个夏天，
一个冬日漫漫。

（欧凡译）

老人以平静的方式与这个世界，与他的家人不辞而别，享年85岁。经医生观察，死于脑溢血。经过坎坷一生的老人寿终正寝，得享高寿，堪称功德圆满。

8月9日，儿媳伊萨为老人画了素描遗像。

停灵三日，亲友吊唁。8月11日下午16时，安葬于圣阿邦迪欧墓园，入土为安。送葬者除黑塞的家人之外，还有其挚友布莱姆加登古堡主人马克斯·华斯梅尔，黑塞屋建造者劳伊特霍尔德遗孀，苏尔坎普出版社社长翁塞尔特。

三十、余音袅袅

如果说在重新感觉自己又强大起来并具有战争能力的德国又出现了讨好我的文章，那是因为在过分的荣誉和庆祝活动之后几乎精神为之一振。

——《致威廉·格林》，1958 年 8 月

“李杜文章在，光焰万丈长。”黑塞去世后，黑塞作品的出版热度不减，研究黑塞的学者也日渐增多。

1963 年，英塞尔出版社出版《黑塞晚期诗集》，在《阶段》的基础上增收黑塞 1961 至 1962 年的新作 17 首。

1964 年，马尔巴哈建立黑塞档案馆。

1965 年，苏尔坎普出版社出版妮侬夫人主编的《黑塞遗稿集》。次年，出版妮侬主编的《1877—1895 年书信和材料汇编》，该书问世不久，妮侬也追随黑塞而去。

1968 年，苏尔坎普出版社出版安妮·卡尔松主编的《黑塞－托马斯·曼书信集》。次年，翁塞尔特亲自上阵，主编《黑塞－彼得·苏尔坎普书信集》，为研究德国文化史上的一段佳话提供了第一手资料。1973 年，翁塞尔特的《黑塞作品史》出版。

1970 年，苏尔坎普出版社出版弗克尔·米夏尔斯主编的十二卷本《黑塞全集》。

1972 年，法兰克福的苏尔坎普出版社开始推出“黑塞研究资料丛

书”，最先出版的是《黑塞〈荒原狼〉研究资料》。1973 年，出版《〈玻璃球游戏〉研究资料》。1974 年，出版《〈席特哈尔塔〉研究资料》

1973 年，苏尔坎普出版社开始推出《黑塞书信全集》第一卷，为 1895 至 1921 年书信集，由米夏尔斯与黑塞次子海纳尔·黑塞联合主编。1979 年出版第二卷 1922 至 1932 年。1982 年出版第三卷 1933 至 1945 年。1986 年出版第四卷 1946 至 1962 年，终成全璧，成为迄今卷帙最为浩繁的书信集。

1977 年，在黑塞诞辰一百周年之际，西德马尔巴哈国家档案馆举办大型黑塞展览，出版纪念文集《赫尔曼·黑塞》。这一年还出版了米夏尔斯主编的黑塞遗文集第二集《轻微的喜悦》，黑塞政论文集《良心的政治》两卷本，黑塞长子布鲁诺·黑塞与山多尔·柯西联合主编的绘画集《画家赫尔曼·黑塞》，这是黑塞绘画作品第一次集中与读者见面。

此后，黑塞作品的出版进一步细化。1980 年苏尔坎普出版社出版黑塞遗文集《来自印度》。1983 年，米夏尔斯编辑了黑塞有关意大利的全部文字《意大利：散文、日记、诗歌、论文和短篇小说集》，由苏尔坎普出版社出版。1987 年米夏尔斯又与海纳尔·黑塞联合主编了 1900 年至 1910 年全部评论文集《书籍的世界》，花城出版社 2014 年出版了马剑的选译本。1991 年，米夏尔斯编辑了黑塞关于田园之乐的散文集《园圃之乐》，由苏尔坎普出版社出版，该书由台湾学者陈明哲译成中文，先在台湾出版，2008 年由人民文学出版社在大陆出版简体字版。

由于黑塞作品思想和艺术的博大精深及其深邃的人文精神，进入 21 世纪以来，不管是在欧洲、亚洲、美洲，还是在世界各地，黑塞研究方兴未艾。黑塞毕生秉持的文化多样性、全球人民和平共处、和谐统一的理念，具有指向未来的广阔前景，随着世界经济和文化全球化的推进，更多更好的黑塞研究成果也必然涌现出来。

附录一

人类文化史上伟大的智者黑塞

1946年诺贝尔文学奖获得者、瑞士籍德裔作家赫尔曼·黑塞，是一位具有独特风格、别样魅力的作家。从他还在世时起，他的作品就同时受到西方和东方读者的欢迎，到现在，据有关专家统计，他的作品已发行了近亿册，甚至已经超过了歌德，成为最受欢迎的德文作家之一。那么，名气远没有歌德大的黑塞为什么会这样持久地受到读者的欢迎呢？笔者认为这是由黑塞独特的作品和他独特的文化性格决定的。简而言之，黑塞是人类文化史上一位伟大的智者，他具有超越民族和意识形态的文化眼光，他的作品充满智慧，他的生活态度超凡脱俗。这些加在一起，随着时间的推移，他的魅力愈来愈显露出来，他还将持久地赢得更广大的读者。

超越民族和意识形态的文化眼光

黑塞1877年7月2日生于德国南部士瓦本地区风景优美的小镇卡尔夫。他出生在一个国际性的家庭。父亲是德国人，但出生于爱沙尼亚，曾在印度当过传教士。母亲是法籍瑞士人，出生于印度，年轻时也在印度住过几年，从事传教工作。他的外祖父也是传教士，问题研究专家，能讲多种印度方言。这样的家庭背景对日后的黑塞产生了持久而深刻的影响。在他的幼年，就开始生活于一种开放的、融合东西方文化的气氛中。他晚年在一篇回忆童年生活的文章中写到：“ 这幢房子里交错着许多世界的光芒。人们在房间里祈祷和读《圣经》，研究和学习印度哲学，还演奏许多优美的音乐。这里有知道佛陀和老子的人，有来自许多不同国度的人—— 这一个家庭的生活多彩多姿，生活是丰富而有多种声音的旋律。”

幼年的黑塞就显示出优异的禀赋和叛逆的倾向。他的父母回忆说：“他是个不寻常的、难以驾驭的早熟的孩子，有特殊的理解能力，喜欢观看天空的浮云，爱好作画，也能歌唱，他是使父母、教师烦恼和忧虑的根苗。”1884 年,7 岁的黑塞开始写诗。他在少年时代就开始了保持终生的独立思考,13 岁时，就明白自己“要么做诗人，要么什么都不是”，便违背父母的意志，从神学校退学。先在工厂当学徒，后到书店当店员。书店的工作满足了黑塞喜欢读书的天性，从 1895 年起，他深入地研究了 18 世纪和 19 世纪的欧洲文学和哲学，为后来的文学创作打下了坚实的基础。1899 年他自费出版了一本不大的诗集，但没有引起注意。1904 年在瑞士出版第一部长篇小说《彼得 · 卡门青德》,一举成名。

喧嚣的城市生活让黑塞感到烦恼，他迁居巴登湖畔的乡村，从此，开始了自食其力的专业作家生涯和自得其乐的乡居生活，并一直保持到晚年。1912 年，黑塞定居瑞士伯尔尼郊区。不久，“渔阳鼙鼓动地来”，德国发动的第一次世界大战的爆发打破了黑塞的田园梦。黑塞为保卫和平走出乡间,写诗、撰文抨击沙文主义者，并出资赞助德国流亡者出版的《新论坛》和《伯尔尼文学杂志》，并参加了德国战俘辅导中心的工作。特别是他发表的《啊，朋友，不要这种声音》深刻批判了德国狭隘的民族主义者，在德国引起轩然大波，他被指责为“卖国者”，收到大量的恐吓信和辱骂信，他虽然不为所惧，但受到故国的谴责，心情十分压抑。但黑塞坚信自己是正确的，一直到第二次世界大战，一直到晚年，他一直是反战的，一直是一个和平主义者，一个国际主义者。他有一句名言：“我很愿意是爱国者，但首先是‘人’，倘若两者不能得兼，那么我永远选择‘人’。”在各个参战国的公民举国汹汹，保卫自己的国家时，黑塞的态度表现出让人钦佩的反潮流精神和难能可贵的清醒。这可能就是黑塞的作品在两次世界大战、越南战争后在东西方掀起“黑塞热”的原因吧。

在超越意识形态方面，黑塞同样表现了他的过人之处。按照身份来说，他应该是资产阶级作家，但他对资本主义、资产阶级的批判却毫不留情面，甚至比无产阶级理论家还要深刻，而对无产阶级作家的赞美也毫不吝啬。对世界无产阶级文学的领军人物高尔基，他说：“我喜欢他的书，并不是因为他的无产阶级的背景，也不是因为他那美丽、高贵的思想内涵（即使不是诗人也能拥有这样的境界），而是因为书中几个令人难忘的场景，只有大师才能以如此炽热、痛苦的语言描绘出来。”

他超越民族的文化眼光还表现在他对东方文化特别是对印度文化、中国文化的推崇和汲取上。他在自传中说：“在西方哲学中，对我影响最大的有：柏拉图、斯宾诺莎、叔本华和尼采，还有历史学家 J. 布克哈特对我也有影响。但他们对我的影响都不及印度和中国的哲学对我的影响大。”由于受资料限制，印度哲学对他的影响我们还知之不多。而中国古代文化对他的影响却是非常深刻的。在 20 世纪初，德国的汉学研究方兴未艾，敏感的黑塞对此十分关注。他曾为威廉·理查德翻译的《论语》《老子》《庄子》《吕氏春秋》写过书评，对《列子》《易经》也有较深的研究。他称老子为“中国最伟大的智者”，给他“最重要的启示”。1919 年 7 月他撰文说：“我们迫切需要的智慧在《老子》中，把《老子》译成欧洲语言是我们当前唯一的思想任务。”最使他倾心的中国诗人是李白。以至于在中篇小说《克林梭尔的最后一个夏天》中，主人公克林梭尔的绰号就是李白，一再要和朋友“痛饮三百杯”，而他的朋友诗人赫尔曼，绰号就是杜甫；在《玻璃球游戏》中，他也摇身一变成了仙风道骨的“中国长老”——黑塞终于按捺不住了，从后台走到了前台。一个外国人对中国文化研究的深度与喜欢的程度都是让人吃惊的。

充满智慧的作品

一般说来，大作家的作品都是有智慧的。但在黑塞的作品中，这一点非常突出，充分体现了德国人擅长理论思维的特点。在黑塞的作品中，吸引读者的首先是思想的深刻、深邃，是智慧的光华，思想的魅力。他的作品中充满他对人性的深刻观察与精彩的描写，上至帝王将相，下到贩夫走卒，穷形尽相，无一遁形。例如他在《玻璃球游戏》中对统治者的揭露："世界的历史总的说来是由一连串君王、首领、独裁者和指挥官所组成，他们开始时无不说得天花乱坠，结果却坏事干尽，很少有哪个例外。所以这些人开始时都愿意替天行善—— 至少嘴上如此标榜，但一旦获取了政权，就会麻木不仁，只为自己抓权了。"他在长篇小说《荒原狼》中创造的"荒原狼"的形象，在某种意义上近似于鲁迅的阿Q，深刻反映了知识分子在现代社会中的精神苦闷、孤独，人性的复杂、深广度（其人性中美好的与阴暗的每一面都极为丰富、复杂），这或许是它能够同时吸引东西方读者的原因。其他如中篇小说《欧洲人》对欧洲人一无所长又傲慢无礼的揶揄，《文学晚会》对庸常的小市民生活方式、低俗趣味的讥讽，这一切初看似平淡无奇，细读则意蕴醇厚。

其次，我们可以欣赏、分享黑塞罕见的观察力、感悟力。黑塞是属于那种对大自然异常敏感、终身受惠于大自然启迪的作家，这种作家在文学史上并不多。他对大自然的一切具有与生俱来的敏感，如四季交替，昼夜晨昏，风霜雨雪，鸟兽虫鱼，花草树木等等都有会心的观察，这些在他的散文、游记特别是描写堤契诺的小品文中有绝佳的表现。由于他同时是诗人、画家，又喜爱音乐，我们可以在他的作品中回味"文中有画、文中有声"的妙境。他对莫扎特、舒伯特、巴赫的音乐有精彩的体验。

再次，是黑塞隽永、睿智的文字，优美、婉约的风格。由于黑塞到晚年一直保持着他诗人的情怀，所以他的作品自始至终洋溢着浓郁的诗意，文字隽永、睿智、蕴藉、含蓄，饱含韵外之致。他的长篇小说一般都不长，最长的《玻璃球游戏》也不过20多万字。他的小说人物一般不多，情节也不复杂，总有两个性格反差很大的主要人物，阴阳互补，相反相成。这就是他常用的“双极性主题”手法，借以探讨人性的两重性。他虽然一再使用，但每一次都让人感到非常自然，由此可见其技巧的高超。他以其浓郁的诗意，浪漫神秘的气氛，炉火纯青的文字，强烈的感染力独擅胜场，不逞多让。正如诺贝尔奖颁奖词所说：“他那总是令人崇敬的风格既具反抗精神，令人心醉神迷，又富于哲理，发人深省，两者都是完美无缺的。”

超凡脱俗的生活态度

黑塞能够取得非凡的成就，除了他终生的勤奋（他曾说自己“缺少偷懒的天分”）外，与他超凡脱俗的生活态度有极密切的关系。他的生活态度成就了他常人难以企及的精神境界，为他的创作提供了源源不断的灵感。黑塞是个喜欢安静、内敛敏感的人。对工业化、都市文明带来的喧嚣及对自然环境的破坏很早就十分警惕、厌烦。于是，早在1904年就离开城市，移居巴登湖畔的乡村。1912年举家迁居瑞士伯尔尼郊区。1919年定居瑞士南部罗卡诺湖畔的美丽动人的堤契诺，住在一个名叫蒙塔娜拉的小村中，从此再也没有迁居，一直到1962年8月9日终老于此。来到幽深僻静、林壑优美的堤契诺，黑塞宠辱皆忘，如鱼得水，他写道：“除了出生地黑森林，只有在罗卡诺一带，才觉得这是此生中真正的故乡。”真正是“反把他乡作故乡”。1923年他干脆放弃了德国国籍，做了瑞士公民。从1919年定居堤契诺开始，他的创作文思泉涌，迎来了第二个高峰期。他的主要代表作《荒原狼》（1922）、《额尔齐斯和歌尔德蒙》（1930）、乃至获得诺贝尔文学奖的《玻璃球游戏》（1943）都是在这里完成的。在堤契诺，黑塞过着仙人一样的生活，每天在读书、创作之外，就是到森林中、溪流畔与花鸟为伍，看云卷云飞，悟人生大道，聆听天籁之声。四十三年如一日，直到临终，他“一直将我（黑塞）的感激诉诸文字，经常反复歌颂这里的山岳、森林、葡萄园与谷中之湖”。他对堤契诺的热爱之情，常常让人们想起中国古代陶渊明的田园诗。是的，黑塞应该感激堤契诺，堤契诺对他精神的滋润、灵感的启迪都是无穷的，他的文笔越来越空灵，真正是“庾信文章老更成，凌云健笔意纵横”，直到晚年，也未见他灵感迟钝，文笔枯涩。他描写堤契诺的小品文涉笔成趣，篇篇珠玑，令人想起柳宗元的《永州八记》，所不同的是柳宗元峭洁清远，情绪压抑，而黑塞是天朗气清，其乐无穷，与“孤舟蓑笠翁，独钓寒江雪”不同，黑塞让人想起“来时不似人间世，日暖花香山鸟啼”。值得强调的是，黑塞不是在堤契诺作隐士，体验生活，而是真正和当地最普通的农夫农妇亲如家人，如老农马里奥、农妇尼娜都和他成为知心朋友，一再出现在他的作品中，这在我国的大作家中就不多见了。

黑塞虽厌恶世俗的应酬活动，却是个珍视友谊的人。他说：“在所有的艺术中，我最生疏、最不擅长的就是社交了。然而，有时在亲切的气氛下，与友人高谈阔论的乐趣是其他艺术所不及的。”他的谦虚、率真，他的国际主义胸怀，让他和罗曼·罗兰相见恨晚，成为终生的好朋友。和他并世的另一位德国大作家托马斯·曼，比他成名早，1929 年就获得诺贝尔文学奖，不像他备受争议，但一直和他有深厚的友谊，对他的作品很早就给予极高的评价，让人们想起歌德和席勒，也让人想起李白和杜甫，是德国文学史上的又一段佳话。

远离都市让他所受的干扰到了最小的限度，让他接受大自然的启示到了最大的限度，成就了他高远的精神境界。和世界上最优秀的作家、艺术家的交往，使他们相互砥砺，相互促进，他能有后来的成就便很自然了。

我们需要黑塞

黑塞获得诺贝尔奖已经 50 多年了，我国翻译他的作品从 20 世纪 80 年代初期算起也有 20 多年了。不知为什么，在我国知道黑塞、了解黑塞的人并不多，读过他的作品的人就更少，包括从事文学、写作的人，真是咄咄怪事！以他的文学成就和对中国的友好态度，还有他对中国文化的热爱和推崇，都不该是这样。近年来，米兰·昆德拉、村上春树大行于世，这本来是好事，但我们不应该冷落黑塞。黑塞特立独行的性格，与生俱来的反叛精神，对民族前途的忧虑，对本民族劣根性的探索，对写作艺术的精益求精，都是值得我们学习的。

（原载《河北大学学报》2003 年第四期）

附录2

赫尔曼·黑塞在当代世界的意义

2007年7月2日，是赫尔曼·黑塞诞辰130周年。赫尔曼·黑塞(以下简称黑塞)是德裔瑞士作家，1946年诺贝尔文学奖得主。黑塞是欧洲乃至世界文学史上的重要作家，他的一生创作了字数可观的杰出的作品，也是一位有特色的思想家。在他的诞辰纪念日到来之际，回顾他的生平，研究他的作品和思想，对当代的世界和中国都是一项极有意义的工作。

黑塞是一位具有超前意识、极为敏感的小说家，同时又是诗人、随笔作家、文艺批评家、艺术家，他虽然在1962年就辞世了，但他活到了85岁，经历了两次世界大战，当代人类面临的种种问题，他在世时已程度不同地表现出来，敏锐而睿智的黑塞就看出了问题，进行了论述和分析。

政治上的和平主义者、人道主义者

黑塞是一个特立独行的人。他的一生从没有担任过任何公职，没有加入过任何党派，从早年到晚年一直以一个体制外的独立的人冷静地观察社会，以“超然物外的态度”思考人生。在政治上，他是一个和平主义者、人道主义者，对于资本主义、社会主义两大思潮、两种基本的社会制度，他都不认同，始终持一种冷眼旁观的态度，不管是在第二次世界大战前资本主义顺利发展的时期，还是二战后以苏联为首的社会主义阵营迅速崛起的时期，他的态度都没有大的变化，这在世界范围内都是罕见的。在出版于1927年的《荒原狼》中，他借主人公哈勒尔的口说道："美国人的理想和布尔什维克的理想，这两种理想都是非常明智的，但是由于两者都非常天真地把事情简单化，它们就可怕地歪曲生活，使人无法生活。原先把人看作是崇高的理想，可是现在对人的看法正在开始变成千篇一律的模式。"①进入21世纪后，我们回顾美国和苏联的历史，我们不能不佩服黑塞的眼光太毒了！美苏虽然在意识形态方面势不两立，水火不容，在对待人的个性方面却是殊途同归，一样的模式化。这实在是当时的无产阶级和资产阶级的代表人物想不到的。

当时的黑塞刚到四十岁，阅历还不是很丰富，为什么会有这样独特的"不惑"的观点呢？这是和他自幼养成的独立思考的习惯分不开的。在开始创作生涯之前，他小小年纪就因为不堪忍受修道院的神学灌输，违背父母的意志，逃学离开了神学院。在16岁至20岁期间，他"读遍了几乎半个世界各国文学作品，对艺术史、语言、哲学着实下了一番功夫"。② 广泛的阅读使他炼就了许多人不具备的一双慧眼，能在他人习焉不察之处发现问题，在他人困惑不解之时找出答案。"多年来的经历也使我得知，让所有的人千篇一律的做法有其长处和方便，但是从基督教到共产主义和法西斯的所有阵营和集体中，有无数的人不满足于此，他们的心灵备受正统和教条的煎熬。他们有千百种无助的问题和忏悔，而这些所面对的却是集体压倒性的否定和攻击。"③这就是一个旁观者的独特视角，在不同的阵营的无数的人为着领袖的教诲而狂热地追求的时候，黑塞已经看出了他们内心的痛楚。

---

① 黑塞. 荒原狼[M]. 赵登荣，倪诚恩译. 上海：上海译文出版社，1998.

② 黑塞. 朝圣者之歌[M]. 谢莹莹，欧凡译. 北京：中国广播电视出版社，2000.

③ 同上书。

对于社会上久已存在的贫富分化、阶级对立等等社会矛盾，黑塞不赞成采取强制、对抗的措施，无论这种措施是以宗教的还是阶级的、阶层的名义，他都持反对的或保留的态度。“凡是专政或专制都属于对人性的约束。”所以，无论对他的祖国德国的原来的资产阶级专政的制度，后来希特勒的法西斯专政，还是德国所反对的苏联的社会主义制度，他都持冷眼旁观的批评态度，他认为本质上都是以暴易暴的，是不理想的。比起上述的政治措施，他更相信美和爱的力量。1937 年，他在致友人的一封信中写道：“几百年来，有过千百种‘意识形态’、党派、政纲，有过千百次革命，它们改变了世界，而且或许促使了世界的进步。可是没有一种政纲或宗旨超越它的时代而流传下来。而几位真正的艺术家所作的画和所写的话，还有几位真正的智者、仁者、自我牺牲者说过的话却超越时代，流传至今。”①因此，无论是对于国内的阶级斗争，还是国际上的民族斗争、国家争端，黑塞一贯主张采用和平的方式来沟通、解决，即使为此遭受误解而无怨无悔。第一次世界大战爆发之初，各交战国的文化名人都在极力支持本国政府进行战争，为战争的升级推波助澜。“春秋无义战。”敏感的黑塞很早就看出了战争的不义，他冒天下之大不韪，在举国汹汹的“爱国”气氛中，发表了《啊，朋友，不要这种声音》的文章，呼吁欧洲知识分子挺身而出，阻止战争，保卫欧洲文化，结果受到举国一致的围攻，成为卖国贼的典型，使黑塞极为孤独寂寞，而导致了严重的心灵创伤，到了精神病的边缘。由于有罗曼·罗兰等极少数朋友的关心、帮助，黑塞才没有沦为精神分裂症患者。

现在，我们回顾 20 世纪的欧洲历史、国际政治史，联合国的成立、欧盟的成立和不断扩大，不正是在黑塞等人开辟的对话、交流的道路上不断进步吗？在人们不断受益于不同民族、不同国家交往和交流的成果时，我们不应该忘记黑塞、罗曼·罗兰等前辈的贡献。

---

① 黑塞. 朝圣者之歌[M]. 谢莹莹，欧凡译. 北京：中国广播电视出版社，2000.

追求、捍卫人类文化的多样性

黑塞出生在一个国际化的家庭中，从小养成了开放的文化态度。黑塞的父亲是一位基督教新教牧师，同时还是教会历史学家。他的外祖父是传教士，长期在印度传教，能讲多种印度方言。他的母亲原籍法国，生于印度，在印度接受教育。他是在浓郁的国际文化交流的气氛中长大的。他在晚年回忆和外祖父一起生活的情景时写道："这座大房子确实是各方世界辐辏之地。在这儿我们祈祷、读圣经、研究印度语文，乐声盈耳。在这儿，主人们懂得佛祖、老子，客人们来自五湖四海，他们的衣着透着异乡和远洋的气息，携带着奇形怪状的皮箱或藤箱，说着异国的语言。"①

在国际化的家庭中长大的黑塞很早就注意吸收和尊重异质文化，特别是东方文化中的印度文化和中国文化。这样的习惯他一以贯之地保持到晚年。他不像多数的欧洲文化人那样有一种天然的优越感，认为欧洲文化代表了人类文化的最高水准。作为敏感的思想家，黑塞是最早发现欧洲文化弊端的思想家之一。所以，他对几位最早开始反思欧洲文化弊端的思想家特别感兴趣，如歌德、叔本华、尼采、施本格勒，对他们的观点极为认同。歌德是黑塞一生敬仰的伟人，他对"世界文学"的首倡，他对其他民族优秀文化的博大胸怀，黑塞始终奉为楷模。1932 年，黑塞应罗曼 · 罗兰之约，为《欧罗巴》杂志专门写了《感激歌德》一文，在该文结束时，他深情地写道："在一种能拯救我们的精神上，在为这种精神而不惜牺牲一切的决心上，他们将会发现，除了歌德他们找不到任何更好的领路人和伙伴。"②

1946 年，在获诺贝尔奖的答词中，他再次申明了他对文化多样性的追求："我们亲爱的地球上的多彩多姿、诸相纷呈和众美兼具正宜长存。

---

① 黑塞. 朝圣者之歌[M]. 谢莹莹，欧凡译. 北京：中国广播电视出版社，2000.

② 黑塞. 布拉格一瞥[M]. 高中甫译. 北京：人民文学出版社，2005.

地球上有这么多的种族和民族，有那么多语言，有那么多不同的心态气质世界观，这真是太美妙了。如果说我痛恨战争、坚决反对征服和兼并，其中部分原因就是因为许多流芳后世的人类文化中的高度个性化的、十分细致的东西会成为这种暴力的牺牲品。”①

现在回顾黑塞对人类文化多样性的追求，对于我们吸收人类文明的成果，继承发扬优秀的民族文化，在国际化、全球化的滔天巨浪中，立稳脚跟，保持清醒的头脑，既不夜郎自大，又不崇洋媚外，应该是很有益处的。

继承、发扬欧洲文化的优秀传统

在人类文化史上，一个持开放态度的文化名人，往往同时又是珍视自己的民族文化传统的人。黑塞正是这样一位文学家。他在《生平简述》中这样写道：“对于精神领域，仅仅生活在眼前或一些新事物中是庸俗不堪、难有长进的，惟有对过去的、已成历史的，对古老的和远古的东西保持经常的接触才能开启精神生活的门。”②他虽然后来在瑞士定居，又成了瑞士公民，但他在写给挚友托马斯·曼的信中说，他始终没有忘记自己是一个德国人，尤其是一个施瓦本人。

黑塞是一位对德国和欧洲历史文化有精深研究的文学家、思想家，对于德国文化史、欧洲文化史有自己自成体系的评价。在欧洲文化的浩瀚星空中，他最注目的是璀璨的浪漫主义的星座。在源远流长的历史长河中，他最关注的是十八世纪的流变。他最为敬佩的是十八世纪的一批天才人物，按他的说法，他们是最伟大的文化时代的代表者。他认为，歌德是这个“不朽者的时代”的无可争议的顶峰之一，因为他体现了对更深刻、更成熟的人道精神的追求。“作家歌德为他的时代里的优秀人物树立了一个人的图像，一个人的楷模的图像，与他相似，与他更

---

① 黑塞. 朝圣者之歌[M]. 谢莹莹，欧凡译. 北京：中国广播电视出版社，2000.

② 同上书。

相近，这成了那些有一种善良意愿的人的理想。”①他认为，德意志民族文化的精华并不是人们通常认为的德国哲学，而是德国音乐，“德国在音乐上比在文字上更虔诚、更成熟、更智慧”，它们的代表人物是莫扎特、舒伯特和贝多芬，他们的作品表现出了哲理和诗性、抒情的完美融合，具有令人精神升华的力量。

在欧洲文学和德国文学中，他最倾心的是具有浪漫主义风格的作家和诗人，如歌德、席勒、让·保尔、诺瓦利斯、荷尔德林、艾欣多夫、默里克、凯勒和海涅等。欧洲学者一致认为，在对韵律、和谐、美等方面的辛勤探索上，黑塞很像歌德。从德国浪漫派作家、诗人身上，黑塞继承了他们作品浓郁的抒情性，感人的浪漫气氛，对大自然的热爱，对完美艺术的追求，因为这些和黑塞的天性是契合的。因为他说自己“生性机警、温和而又敏感”。他博采众家之长，苦心修炼，经过多年耕耘，终于形成了令人赞叹的风格：“不论是在表现反抗和超人的忘我境界，还是在表现宁静的哲学沉思，均达到了完美无瑕。”（诺贝尔奖颁奖词）荣获了1946年诺贝尔文学奖。他被人们称为“德国浪漫派的最后一位骑士”，“古典作品和人道主义传统的活的代表人物，肉身的先知”，并和托马斯·曼并称为“当代文学中德国文化传统的最佳代表”。

黑塞和当代中国

说起黑塞，不可避免地要说到他对中国文化的热爱，他对中国的浓厚兴趣。

黑塞是一个终生对中国有浓厚兴趣的人，这可能和他外祖父的影响有密切的关系，也和歌德的影响有关。歌德在他著名的谈话录中说道：“中国人在思想、行动和情感方面几乎和我们一样，使我们很快就感到他们是我们的同类人，只是在他们那里一切比我们这里更明朗，更纯洁，也更合乎道德。……正是这种在一切方面保持严格的节制，使得中

① 黑塞. 布拉格一瞥[M]. 高中甫译. 北京：人民文学出版社，2005.

国维持到几千年之久，而且还会长存下去。”[①]在黑塞的童年时代，“我（黑塞）的小脑袋里装满了东方的古老图像和想法，这使得我日后接触到印度和中国的哲人时，都有一种重逢之乐，一种回到家的感觉”。[②]“我对中国人的古典作家怀有一种特殊的爱，我觉得，智慧长着一副中国的面孔，歌德也是这样。”[③]早在第一次世界大战爆发之前，黑塞就阅读了汉学家翻译的中国古代经典著作，而对老子和孔子的观点特别认同。他曾为威廉·理查德翻译的《老子》《论语》《庄子》《吕氏春秋》写过书评，对《列子》《易经》也有较深的研究。他称老子为“中国最伟大的智者”，给予他“最重要的启示”，使他创造了在小说中经常使用的“双极性”的手法，即在小说中经常有两个性格差异很大的人物，互相补充，相反相成，借此表达世间万物对立面互相转化的辨证观点。他还把老子说的“报怨以德”作为自己的座右铭，可能是和他的和平主义主张相契合吧。他在 1919 年 7 月撰文呼吁说：“我们迫切需要的智慧在《老子》中，把《老子》译成欧洲语言是我们当前唯一的思想任务。”他对孔子提倡的中庸之道也很推崇，认为有利于社会的和谐与人格的全面发展。他对中国佛教禅宗深为尊崇，认为“禅宗是精神和心灵最好的学校之一……我们西方只有很少几种传统能够与之相比，而这些传统在我们这里也没能很好地保持住。”[④]

黑塞不仅撰文研究、阐释中国文化，还经常创作以中国为题材的作品，不仅有诗歌、散文，在小说中更多。这样的小说短篇有写褒姒烽火戏诸侯的《周幽王》，中篇有《克林格梭尔的最后一个夏天》，主人公的绰号叫李白，他的朋友画家叫赫尔曼，绰号为杜甫。在他集小说艺术之大成的长篇小说《玻璃球游戏》中，他对中国文化的喜爱和熟稔都淋漓尽致地表现出来，小说自始至终不断写到中国，谈到中国圣贤、中国语言，大段引用《吕氏春秋》关于音乐的社会作用的观点。小说中一个代

---

① 黑格尔. 中国印象[M]. 何兆武译. 桂林：广西师范大学出版社，2001.
② 黑塞. 朝圣者之歌[M]. 谢莹莹，欧凡译. 北京：中国广播电视出版社，2000.
③ 黑塞. 布拉格一瞥[M]. 高中甫译. 北京：人民文学出版社，2005.
④ 黑塞. 朝圣者之歌[M]. 谢莹莹，欧凡译. 北京：中国广播电视出版社，2000.

表最高智慧的人物就是中国长老，向主人公传授中文、中国书法和《易经》等，他实际就是黑塞本人的化身。黑塞虽然没有来过中国，却在作品中实现了这个愿望。这委实是让人感动的。德国学者基尔希霍夫说："他已经变成了一个中国人，却没有中止成为西方人，嗯，甚至是一个施瓦本人。"

早在五年前，笔者就提出"我们需要黑塞"[①]。黑塞秉持一生的人道主义精神，他充满文学灵性和艺术魅力的作品，对于中国作家艺术家在市场化的大潮中，冷静思考，执著追求作品的艺术品位，抵制文学艺术的粗鄙化、世俗化，不啻是一剂良药。

作为20世纪的一代叙事艺术大师，黑塞无论在思想上、艺术上的贡献都是卓越的，本文的论述只能是挂一漏万、略窥堂奥。重温他的和平主义、人道主义精神，他对人类文化多样性的追求和捍卫，他对欧洲文化优秀传统的继承和发扬，对于我们解决当代世界和中国面临的民族冲突、文化传统断裂、环境恶化、道德滑坡、信仰缺失、心灵空虚等等问题，使世界和谐，人民安乐，都会给我们以无尽的启示。

（原载《荆门职业技术学院学报》2008年第八期）

① 李世琦.人类文化史上一位伟大的智者[M].河北大学学报(哲学社会科学版)，2003，(4)：132 －134.

附录3

赫尔曼·黑塞对禅宗的研究与评价

1946 年诺贝尔文学奖获得者、德裔瑞士作家赫尔曼·黑塞(以下简称黑塞)是一位对中国文化情有独钟的欧洲人。他对中国文化异常热爱的一个重要方面,就是对佛教禅宗的研究和评价。研究禅宗在海外的传播和影响,黑塞是一个很有意义也很有意思的案例。

黑塞接受禅宗的过程

赫尔曼·黑塞(1877—1962)出生于德国南部巴登-符腾堡州的施瓦本地区卡尔夫镇。他出生在一个国际气氛浓郁的家庭。他的父亲约翰尼斯·黑塞是虔诚的传教士,出生于爱沙尼亚,拥有俄国国籍。他曾在印度传教,入了瑞士籍。因在传教时患病,返回德国,担任传教士和印度学学者赫尔曼·贡德尔特的助手,从事出版工作。已经离婚的他1874 年与贡德尔特丧夫的女儿玛丽结合,于 1877 年生下黑塞,成为约翰尼斯第二个、玛丽第四个孩子。贡德尔特为德国人,曾在印度传教多年,对印度的历史、文化、语言有精深的研究,因年老而回到德国。黑塞的外祖母是瑞士人,会法语。他的母亲出生于印度。在黑塞幼年的记忆里,印象最深的是外祖父家巨量的藏书和来自世界各地的客人:

这座大房子是各方世界的辐辏之地。在这儿我们祈祷、读《圣经》、研究印度语文，乐声盈耳。在这儿，主人们懂得佛祖、老子，客人们来自五湖四海，他们的衣着透着异乡和远洋的气息，携带着奇形怪状的皮箱或藤箱，说着异国的语言。①

从这里我们可以看出，早在幼年时期，中国和印度的圣贤就给他留下了深刻的印象。

到了少年时代，黑塞就立志要做诗人。“从我十三岁开始，有一件事对我来说就已经明白无误，我要么成为诗人，要么就一事无成”。②

立志做诗人的黑塞表现出突出的诗人禀赋：异乎寻常的敏感，热爱文学和大自然，极其重视自由和精神生活。因为对枯燥、刻板的课程难于忍受，成绩优异的他从毛尔布隆神学校愤而出走，让父母伤透脑筋，他小小年纪就陷入精神危机，有了自杀倾向。最后，父母只好答应他辍学将养。从此，他再也没有进正规的学校学习过，开始了他一边工作，一边自学、创作的漫长生涯。

第一次世界大战爆发后，黑塞由于公开发表反战文章被德国指为卖国贼，被迫迁居瑞士伯尔尼，加入瑞士籍。战争结束后，他“失去了房子、家庭、财产和舒服的日子”，陷入第二次精神危机，而且真的看了精神医生。为了早日摆脱精神危机，“必须摆脱一切，专心致志地把这场劫乱想通看透，怀着一个时明时灭的希望，再穿越它之后的彼岸，重新找回自然和清白无辜。”③

黑塞认为，第一次世界大战的爆发标志着西方文化体系的失败。1919 年 7 月 26 日，他在致爱丽丝·劳伊特霍尔德的信中写道：“多年来我就相信，欧洲的精神在走向没落，需要回到亚洲的源泉去。有数年之久，我很敬佩佛陀，从最年轻的时候起，我就开始阅读印度的文学。后

① 谢莹莹编《朝圣者之歌》，中国广播电视出版社，2000 年 6 月版，第 174 页

② 马剑著《黑塞与中国文化》，首都师范大学出版社，2010 年 11 月版，第 2 页。

③ 谢莹莹编《朝圣者之歌》，中国广播电视出版社，2000 年 6 月版，第 194 页

来，我觉得老子和其他中国人更亲近。"①为了摆脱精神危机，他只能到异质文化的印度和中国文化中去寻找解救的良方，他被人们称为"佛教徒"。"由于我一生对印度和中国的智慧颇事涉猎（这是得自祖辈和父辈的家传），我又部分地把我的新经历用东方的形象化语言写了出来，人们就常常称我为'佛教徒'，对此我只有暗自好笑，因为在所有的宗教之中，我所知最少的恐怕恰恰就是佛教了。"②

据专家考证，黑塞真正接触佛教禅宗应该始于 1924 年。这一年，他阅读了弗里德里希·E·U·克劳泽的著作《儒道佛——东亚宗教和哲学体系》，初步了解了禅宗思想。1939 年，他又从 G·G·荣格为日本佛教学者铃木大拙所写禅宗入门书《伟大的解放———禅宗思想导论》撰写的前言中有了比较深入的了解。

而黑塞真正研读禅宗的典籍要到年过古稀之后。契机是他的表弟威廉·贡德尔特将宋代禅宗经典、素有禅门第一书之称的《碧岩录》译成了德语，虽然只译了三分之一。该书是佛果圆悟于宋徽宗政和年间（1111—1117）住持湖南澧州夹山灵泉禅院之时，根据雪窦重显（980—1052）的《颂古百则》加以评唱，又经过其门人编辑而成。夹山为善会禅师在唐懿宗咸通十一年（870）开辟的道场，在开辟之后，有僧问善会："如何是夹山境？"他答道："猿抱子归青嶂里，鸟衔花落碧岩前。"禅意诗情，极为浓郁，因而传诵一时。夹山也被禅师们称为"碧岩"。故佛果把其评唱集取名为《碧岩录》（或《碧岩集》）。1956 年年末，他在写给卡萝莉内·卡伦巴赫的信中写道："佛教在中国就具有一个全新的、非常充满生机的形式（禅宗），在我们这里，人们知之甚少。"③对于《碧岩录》德译本的出版，黑塞表现出高度重视，认为是"1960 年的一件大事"，随即进行了细致入微的研究和阐释。

---

① ［德］弗尔克·米歇尔斯编，李士勋译《黑塞画传》，上海人民出版社，2009 年 1 月版，第 128 页。

② 谢莹莹编《朝圣者之歌》，中国广播电视出版社，2000 年 6 月版，第 95 页

③ 马剑著《黑塞与中国文化》，首都师范大学出版社，2010 年 11 月版，第 90 页。

黑塞对禅宗研究的特点

作为一代文学大家，黑塞对中国文化、对禅宗的介绍和研究有着非常显著的特点。他不是从学术研究、宗教信仰的角度出发来关注、研究禅宗的。他不是汉学家，不懂中文，也从未到过中国。他阅读的禅宗典籍是德国汉学家由中文或英文、法文翻译的作品。对禅宗及其其他中国哲人著作的关注从最早的接触到后来的深入研究，一直是他追求人生真谛、解脱精神危机的一部分。

1904 年，黑塞一结婚，就在自己的书房里专门留出一个空间摆放有关中国的图书，他自己称为"中国角"，内容包括中国概况、历史、小说、诗歌、哲学、宗教、绘画、民情风俗等。他后来回忆说，第二次世界大战期间，"中国角"成了他的精神"避难所"："在这些古老的书籍里有如此美好并且往往极有现实价值的东西。在那些令人恐怖的年代，我是怎样经常来这里寻找能够安慰我、鼓舞我的思想啊！[①]"在这个"中国角"里，就有一部分是佛教经典。

1960 年，在威廉·贡德尔特翻译的《碧岩录》出版之后不久，黑塞在 10 月 3 日的《新苏黎世报》上以《圆悟的碧岩录》为题，公开发表了他写给威廉·贡德尔特的书信。他在信中写道：

> 自卫礼贤近 40 年前将《易经》翻译成德语以来，没有任何欧洲精神对遥远东方宝藏的占有像这个伟大的、我首先仅仅能大致理解的成就如此打动我，在我心中如此欢欣鼓舞地唤起了所有从西方走向东方的东西。……
>
> ……禅宗的大师想要将小和尚所引向的目标和迄今为止所有禅宗智慧的意义、被这本书的许多层次所围绕和包裹的秘密是无法用言语把握的最宝贵的财富，是每一种虔诚的目标和要求。试图

① 张佩芬著《黑塞研究》，上海外语教育出版社，2006 年 11 月版，第 335 页。

触及它、使人想起它的言语有——极乐、安宁、解脱、超越时间进入永恒、涅槃。无论如何，我相信你伟大工作的意义和价值。①

在这封信里，黑塞以他超人的智慧触及了禅宗智慧的核心——“无法用言语把握的最宝贵的财富”，即现代西方哲学所说的“非理性思维”，他所列举的言语正是禅宗最重要的几个术语。他把贡德尔特的翻译称作“伟大工作”，可见《碧岩录》对他精神震动之大。

接着，黑塞又写了两篇文章来记述他阅读《碧岩录》的感受。其中的一篇发表于1961年的《宇宙》杂志第十六期上，文中写道：

“这部极其特别的著作就如同一部禅宗的总结性论文，但并非在一种教义学的意义上，而是在一种宗教的修炼著作的意义上……在大多数来源于禅师们实践的案例中，一位徒弟提出一个西方读者通常都能够理解的问题，而禅师的回答却使我们一头雾水，而且他的回答常常并不是由言语，而是由一个表情或者一个动作组成，这个动作甚至常常是一个耳光或者杖挞。这些大约在公元1100年从几个世纪的传承中记录下来的案例即使在800年后的今天仍然是禅宗大师们一种传统的教育方式。我们今天能够读到他们的德语译本已经十分难得，因为每个案例都会激发人陷入令人惊叹的沉思当中。”②

在这篇文章中，黑塞特别关注禅宗公案表现出来的禅宗特有的“不立文字”的思维方式，如临济宗著名的当头棒喝，正是西方人难以理解的神秘主义的点化方式，黑塞以他的睿智看到了这一方式的精神价值。

除了以评论的形式阐释禅宗的精妙外，黑塞还以他素所擅长的诗歌方式来解读禅宗。他于1961年1月22日的《新苏黎世报》上发表了《竖起的手指》一诗：

如我们所知，俱胝禅师

---

① 马剑著《黑塞与中国文化》，首都师范大学出版社，2010年11月版，第91页。

② 马剑著《黑塞与中国文化》，首都师范大学出版社，2010年11月版，第92—93页。

性情恬静平和，如此谦虚，
以至于他完全放弃了言语和学说，
因为言语是表象，避免任何表象
正是他刻意所求。
当一些徒弟，大和尚和小和尚，
喜欢用高贵的言辞和借助思想的灵感
谈论世界的意义和至高的善时，
他却沉默地保持着警觉，
留意着任何感情的洋溢。
如果他们有问题请教于他，
无论空洞还是严肃，关于古代文献的
意义，关于佛陀的名姓，
关于觉悟，关于世界的源起
和没落，他都保持缄默，
只是轻轻地竖起他的手指。
这无声又意味深长的手势，
变得越来越真诚而富于教益——他表白，
指向了世界与真理的核心，以至于后来
一些徒弟理解了这手指轻柔的
抬起，抖动，觉醒。[①]

此诗内容取自《碧岩录》第十九个公案，俱胝禅师的名字也是真实的。原文为："俱胝和尚，凡有所问，只竖一指。"[②]被称为"俱胝指头禅"。晚年黑塞以他思想家、文学大师的罕见功力从简短的译文中演绎出一首意象极为辽阔的诗，涉及"世界的源起和没落""世界与真理的核心""觉醒"，真正把握住了禅宗智慧"万法归一"的精髓。这首诗之外，黑塞还

① 马剑著《黑塞与中国文化》，首都师范大学出版社，2010 年 11 月版，第 93—94 页。
② 《碧岩绿》，中州古籍出版社，2001 年 7 月版，第 109 页。

有一首《禅院的小和尚》,发表于德国《重音》杂志1961年第八期,也是阐释禅宗智慧的。限于篇幅,此不全引。

黑塞另一篇关于《碧岩录》的文章题为《约瑟夫·克奈西特致卡尔罗·费罗蒙特》,也是一封信。1961年2月10日发表于《新苏黎世报》上。文章假托为其赢得诺贝尔奖的长篇小说《玻璃球游戏》的两位主人公之名,详细阐述了他阅读《碧岩录》后的感受。1961年是黑塞逝世的前一年,已达八十四岁高龄。他又是撰文,又是写诗,可见其对此事的高度重视。专家认为,"这封信既可以被看作黑塞阅读《碧岩录》之后的感受和评价,又能够被视为黑塞对自己接受中国文化、特别是中国哲学思想的一个总结。"①在这篇长文中,黑塞以赞赏的口吻谈到禅宗诞生、演化的过程:

> 一旦被它(指中国)吞下的陌生和令人陶醉的事物所消化,龙就会舞动起来,恍然大悟,于是在胜利者和失败者之间、在父亲和儿子之间、在训诫和冥想的西方和悠闲地涌动的东方之间便开始了一场古老的激烈的游戏。佛的本质一旦被它吞下的陌生和令人陶醉的事物所消化,龙就会舞动起来,恍然大悟得到了一个崭新的、一个中国的面孔。无论如何作为外行的我就是这样看待禅宗的来历的。"②

他非常准确地描述了印度佛教转变为禅宗的精神轨迹。

对于禅宗的思维方式和修炼方式,他结合西方思想史和自己的切身体会进行切中肯綮的比较研究:

> 一位皇帝会见祖师达摩。他带着外行的妄自尊大和一无所知问后者:"什么是神圣的真理的最高意义?"祖师回答道:"开放的广

① 马剑著《黑塞与中国文化》,首都师范大学出版社,2010年11月版,第95页。
② 马剑著《黑塞与中国文化》,首都师范大学出版社,2010年11月版,第96页。

度——没有什么是神圣的。”卡尔罗，这个回答的冷静的伟大之处就仿佛来自宇宙空间的一阵清风一般向我吹来，我感受到像在那些直接的认识或者体验的少见的时刻里一样的陶醉和震动，这种直接的认识或者体验我称之为“觉醒”。①

黑塞所说的“觉醒”正是禅宗所说的“开悟”、“顿悟”。他在文中提到的公案正是《碧岩录》的第一个公案，原文为：“梁武帝问达摩大师：‘如何是圣谛第一义？’摩云：‘廓然无圣。’”②达摩祖师那句妙不可言的回答给黑塞带来巨大的心灵震动和享受。接着，他谈到禅宗开悟与西方人“觉醒”的巨大不同，使他感到难于理解：

因为我已经向你讲述了在我们两人对禅宗有所耳闻之前很久我的“觉醒”的方式，所以我必须再提及一些在中国佛教的觉醒上令我刮目相看并使我感到棘手的事情。这种经历本身我已经了解，那是被电光击中的状态，我已经有过几次这样的经历。这在我们西方也并非什么陌生的事物，所有的神秘主义者和其无数的大大小小的信徒都经历过这些，我提醒你想一想雅各布·伯姆的第一次恍然大悟。然而，在中国人身上，这种觉醒似乎要持续终生。至少在那些大师们身上，他们似乎已经将闪电变成了阳光，将瞬间留住。③

黑塞以他惊人的直觉洞察了禅宗大师们奇妙的智慧，对于一个不懂中文的德国人来说这委实有些匪夷所思，而事实确实如此，这堪称人类精神现象史上的奇观！

---

① 马剑著《黑塞与中国文化》，首都师范大学出版社，2010年11月版，第97页。
② 《碧岩绿》，中州古籍出版社，2001年7月版，第1页。
③ 马剑著《黑塞与中国文化》，首都师范大学出版社，2010年11月版，第97—98页。

黑塞对禅宗的评价

前文已经说过,黑塞对禅宗的关注不是出于学术的、知识的、宗教信仰的目的,而是出于寻找人生真谛、破解精神困境的目的,尤其是要弥补西方思维方式、西方价值体系的不足。他与禅宗的相遇正是他长期精神跋涉的成果,所以,他在耄耋之年给予高度重视,可以说把他最后的精力献给了禅宗,也把最高的评价献给了禅宗。

1960 年,威廉·贡德尔特翻译的《碧岩录》一出版,黑塞很快细读了全书,惊喜地发现自己苦苦探索的答案就在禅宗大师的公案里,用中国一句老话说就是:“踏破铁鞋无觅处,得来全不费功夫。”实际上黑塞几乎用了毕生的精力一直在寻觅这样的答案。所以,饱经忧患、遍尝荣辱的黑塞显得异常兴奋,很快写信给译者,毫不掩饰他的兴奋之情:

> 我如此多方面而发自内心地不仅关注你和你的生活与思想,而且也恰恰关注这部巨著的缓慢的诞生,以至于尽管我既不是汉学家也不是宗教研究者,但我却可以允许自己公开地为这件最高档的礼物向你表示谢意,领会其内容和多样的神奇对于我的余生来说过于短暂了。但是,即使是完整的、未曾虚度的一生也是不够用的。”①

黑塞初次阅读禅宗经典译本一下子就发现了它的价值,他的感悟力绝非常人可以望其项背。因此,他称译者的翻译是“伟大工作”,《碧岩录》的出版是“1960 年的一件大事”。

黑塞不仅在德国向人们推荐禅宗经典,而且向外国友人、甚至不相识的读者推荐。1947 年,黑塞收到一封来自日本的青年作家的来信,这位日本青年作家非常崇拜黑塞,写了长达十八页的信给他倾诉自己的苦

① 马剑著《黑塞与中国文化》,首都师范大学出版社,2010 年 11 月版,第 90 页。

闷，并请黑塞指导自己。让人们没有想到的是，黑塞给他的建议就是到在日本尽人皆知的禅宗中寻找答案。黑塞现身说法地写道：

> 我对禅宗十分尊崇，其程度远远超过对您那有着欧洲光泽的理念。禅宗是精神和心灵最好的学校之一，这一点您比我更清楚，我们西方只有很少几种传统能够与之相比，而这些传统在我们这儿也没能很好地保持住……佛教的禅宗是您熟悉的，它会一辈子引导您、支持您。现在有一股混乱冲进您的世界，禅会在这混乱中助您不至沉沦。"①

在这里，黑塞完全是把禅宗作为人生危机的出路推荐给日本作家的，可见禅宗在其心目中的地位。

应该说明的是，黑塞对禅宗的研究和评价是他对中国文化研究和评价的一部分，限于会议的主题，本文只能就禅宗来展开。在研究禅宗的同时，黑塞对老子、孔子、庄子、李白、杜甫等都有其独到的研究和评价。

黑塞对禅宗的接受和评价再次说明，真正的人生智慧是可以超越语言、民族、时间、空间而可以供全人类共享和分享的，这正是黑塞最为倾心的中国古代哲人首倡的"和而不同"的理念。正如黑塞在致诺贝尔基金会的信中所说的："精神是国际的，是超民族的，精神不应该为战争和毁灭服务，而是应该为和平与和解服务。然而，我的理想并不是要把民族特色搞得模糊不清，那样会引向一种精神一致的人性。相反，我但愿所有迥然不同的形体和色彩在我们这个可爱的地球上万寿无疆。"②

（原载《书屋》杂志 2012 年第 9 期）

---

① 谢莹莹编《朝圣者之歌》，中国广播电视出版社，2000 年 6 月版，第 302 页。

② 《诺贝尔奖讲演全集·文学卷 I》，福建人民出版社，2003 年 10 月版，第 516 页。

后 记

《最后的骑士:黑塞传》是我退休后出的第一本书,也是我写的外国文学的第一本书。不熟悉我的读者会感觉奇怪,我怎么会写这么一本书?熟悉我的友人知道是其来有自,此前我关于黑塞的文章已经写了近十篇,既有学术论文,也有随笔、评论。该书的缘起是 2016 年北京国际图书博览会期间,一次午餐,中华书局副总编辑李占领兄介绍我与华文出版社宋志军社长相识,谈到华文社近年重点出版传记类图书,我根据自己的积累,毛遂自荐,提出了一中一外两个选题,华文社经过研究,选中黑塞,很快签订了出版合同,约定第二年年底交稿。其间,因为发生了原稿丢失、个人退休连带的图书搬家等诸多影响,一直到今年 4 月才完成书稿,在此对华文社的大度包容,谨致深挚的谢意!

说起我与黑塞的结缘,我曾写有《我与黑塞的相遇》一文。2001 年秋,中国作协友人赠我宁肯《蒙面之城》一书,我读后认为是一部长篇小说精品,便向朋友们推荐。熟悉黑塞作品的朋友告诉我,该书借鉴了黑塞的《纳尔齐斯与歌尔德蒙》。我随即借来《纳尔齐斯与歌尔德蒙》,一读果然!此后,我开始收藏、阅读、研究黑塞作品,一发而不可收。"此前,我虽然接触、阅读了许多外国作家,心里的感觉,他们描写的都是外国人的生活,从时间到空间都与自己有很大的距离。而读了黑塞的作品,感到他作品中人物的喜怒哀乐都与自己息息相关,这是前所未有的。其次,黑塞对中国文化的热爱让我感动,让我感叹人类文化的伟大力量。黑塞不懂中文,也从未到过中国,但他从译作中感悟了中国文化的伟大,他郑重指出，第一次世界大战证明西方文化已经走向没落，而中国文化可以济西方文化之穷。”（《我与黑塞的相遇》）记得孙犁晚年说过，每个读书人都应该找到适合自己的经典作家，泛泛阅读，总是与自己隔一层。在我国古代，诗之李杜，词之苏辛，文之韩柳欧苏，历来有不同的传承，有成就的作家、诗人总是先有继承，后有创新，历朝历代，莫不皆然！我很幸运先是找到鲁迅，新世纪又遇到黑塞，成为我的精神根据地，无论是喜悦还是苦闷时，我都可以到精神家园中安顿自己的心灵。

对于研究外国文学，乃至撰写黑塞传，开始时是有过犹豫的，因为个人的外语不行，不能读第一手资料。但黑塞的经历激励了我，他虽然不懂中文，没有来过中国，但他对中国文化精髓的把握超过了许多中国人。

我个人的经历也使我增强了自信。我曾在安阳师范学院的学术会议上遇到一位德国女博士，与她聊起黑塞，她很感兴趣。后来我把我写的黑塞作品评论发给她看，她说文章中提到的作品她中学时读过，我的文章对她有启发，让她有新的思考。她随即要去我的集子去读。2006年，我写过《韩国鲁迅研究论文集》（河南文艺出版社 2005 年 7 月版）的书评，题为《韩国学者眼中的鲁迅》，刊发于《河北日报》。文章不长，登在地方报纸上，后来却被收入韩国晨光出版社出版的中文图书《东亚视域中的鲁迅》中，并排在序言之后。研究外国文学、外国文化，最理想的当然是精通外语，譬如像季羡林、钱钟书等前辈那样，但利用译文进行研究，仍不失为一条可行的途径。

在本书的撰写中，结合我多年来对中外传记的研究，尝试吸收、融合中西传记写作的长处，首先在总体上力求准确把握、写出传主的性格特点；第二，在写出学术深度的同时，文字力求生动、明快，写出可读性；第三，作为作家传记，在介绍其文学作品的同时，写出其思想发展的脉络，揭示其思想家的一面，这是黑塞非常鲜明的一个特点。第四，在保证可读性的前提下，引用了大量原文，内容多为思想深邃、描写生动的段落，让读者欣赏作品的原貌，力求事半功倍。本书的篇幅虽然不长，却花去笔者两年半的业余时间。总体上来说，基本写出了我心目中的黑塞，也吸收了中外学者的研究成果。它的写作，是笔者学术研究的进一步拓展，知我罪我，静候明教！

感谢孙郁兄，他是我敬重的兄长，是国内最早关注黑塞的学者之一。我们相识在二十世纪末，那时他是北京日报的副刊编辑，从那时到如今，他已经两次变换了单位。在学术研究和管理都十分繁忙之时，仍答应写序。感谢马剑副教授，他是国内研究黑塞的佼佼者，很认真地写出了序言，延续了我们因黑塞结下的友谊。

感谢宋志军社长在百忙之中过问拙著出版事宜。感谢王思惠，她是最早与我联系的责任编辑，提出了很有价值的建议。在本书的出版过程中她因工作调动而离开，但她的兰心蕙质给笔者留下了深刻的印象。感谢胡慧华主任，他认真细致的编辑工作弥补了笔者的不少疏漏。感谢王莅辉、申强兄，他们的相助匡我不逮，使我心安。

黑塞是中国文化的知音人，他的思想对未来的中国和世界极有价值，笔者对黑塞的研究仍将继续。

2019年5月22日上午

于石门静远斋